仕事ができる人の「しないこと」リスト

中島孝志 Takashi Nakajima

三笠書房

はじめに——あなたは今日から何をしないべきか？

仕事ができる人というのは、「何をするか」は当然のこと、「何をしないか」を明確に決めて、日々の仕事に取り組んでいます。

本書では、**「何をしないか」を決めることが仕事をする上でいかに重要か、そして、具体的にどんな「しないこと」をどのように決めればいいのか**を提案します。

最初にいっておきたいことは、本書で提案する「しないこと」を決める、というのは、単に仕事の優先順位を明確にする、といったレベルの生やさしいものではない、ということです。ビジネスパーソンとして、自分は何を大切にし、どう働き、どんな結果を残し、いかなる地位を築いていきたいのか——という「哲学」「生き方」が問われるのです。

このことは本文でも紹介しますが、知人の経済評論家・日下公人《くさかきみんど》氏は、基本的に酒席は断り、夜は読書する、といいます。同じく知人のエコノミストの長谷川慶太郎氏は、一流の仕事がしたいなら、麻雀、カラオケ、ゴルフはおやめなさい、と私にアドバイスしてくれました。

「やらないこと」を決めなければ、「本当にやるべきこと」は見えてこないし、その「本当にやるべきこと」をやるための時間をつくることはできないのです。

いまは凄まじい情報化社会です。忙しい世の中です。あなたも毎日、並大抵の忙しさではないと思います。**いくら個々の仕事のスピードを上げても、そこには限界があります。大事なのは「仕事の絶対量」を減らすこと。**そのために「やらないこと」を明確に決めて、それを実践していかなければならないのです。「あれもこれも」の罠に陥っていては、これからの時代を生き残っていけません。

◎必要以上の仕事はしない
◎解決を明日に持ち込まない

◎予定を簡単に動かさない
◎できない約束をしない
◎便利屋にならない
◎会議を30分以上やらない
◎同僚の不平不満につきあわない
◎大差のないことに悩まない

……など、本書では、私の考える、仕事と人生の生産性を上げるための「しないことリスト」を挙げていきます。これをヒントにして、あなた自身の「しないことリスト」をつくってください。そしてそれを実践してください。

仕事の成果と人生の質が一変します。

中島孝志

目次

第Ⅰ部
〈考え方〉編

見切る、捨てる、断る力をつける
――23の「しないことリスト」

第Ⅱ部 〈テクニック〉編

仕事の「絶対量」を確実に減らす

——22の「しないことリスト」

本文DTP／株式会社 Sun Fuerza

第Ⅰ部

〈考え方〉編

見切る、捨てる、断る力をつける

——23の「しないことリスト」

LIST 1

できる人は「100点」を目指さない

仕事というのは、「タイミング」が生命線です。

タイミングを外してしまうと、すべての努力が無駄になってしまいます。**どんなに努力しても、昨日の新聞は今日売れません。**完璧な企画書ができたとしても、コンペに間に合わなければ話になりません。候補にもノミネートされないでしょう。

タイミングがいかに重要か――。ビジネスパーソンならば、誰もが認識しています。にもかかわらず、時間をかければよりいいものになるからと、締め切りや納期を無視して夢中になってやってしまう……。

お客相手ならば、納期が厳しく決まっていることも多いと思いますが、社内の仕事では、上司「これ、やっといて」――部下「はい、わかりました」――と、締め切りが曖昧なまま、あうんの呼吸で進めようとしたりします。

しかし待てど暮らせど報告がない。聞けば、まだ途中だという。「ならば、途中経過を報告しなさい」と注意してしばらく経ってからまた確認すると、これがまだ途中——。これでは「いつになったら終わるのか！」と叱りとばすしかありません。当然、こういう部下は、信頼も評価もされないでしょう。

もちろんこのケースでは、きちんと締め切りを決めない上司にも原因があります。

しかし、それにしても部下の仕事というのは、なぜ、どうして、こんなに時間がかかるのでしょうか。

次のような理由が考えられます。

「やらなくていい仕事をやっている」

「ここまでやらなくていいというほどバカ丁寧」

「100点満点じゃないと気が済まない」

こういう完璧主義タイプは少なくないでしょう。80点でいいのに100点満点を目指したら、そのぶん、時間も余計にかかります。時間がかかるということはお金も労力もかかるということです。そういうコスト意識がないまま完璧な仕事を目指して頑張っているのです。

いい仕事とは何か。それは、「注文主」の望みに応えることです。相手が500円の焼き魚定食を望んでいるのに、その要望を聞かずに1万円の懐石料理を出しても、満足してもらえないし、評価もしてもらえないのです。それをわかっているのがプロフェッショナルです。それ以外の、〝望まれてもいない仕事をする〟のは、単なる自己満足にすぎない、ということです。

完璧主義には二つの大きな罠があるのです。

①自分に対して過度に厳しくなる。

②他人に対して過度に厳しくなる。

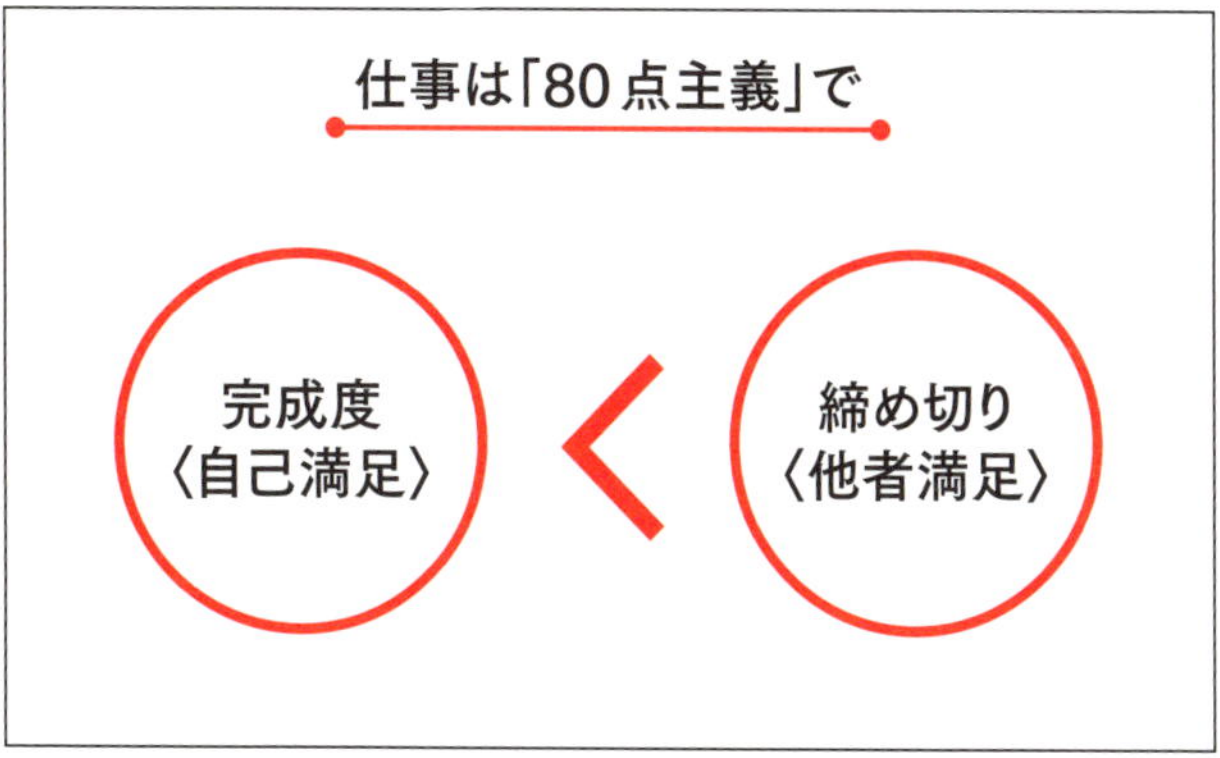

するとどうなるでしょうか。仕事のスピードが落ちます。そして結果が出なくなります。敵が増えます。ストレスも増えます。完璧主義に陥ると、お先真っ暗なのです。

では、どうすれば完璧主義から脱却できるのでしょうか。先に挙げたような、完璧主義のデメリットをよくよく考えることです。そして、意識を変える他ありません。**「80点主義」を頭に叩き込んで、仕事の「完成度」ではなく「時間効率」を上げることに価値観をシフトするのです。**そのほうが必ずいい結果が出ます。結果が出ることがわかれば自ずと意識は変わり始めるでしょう。

LIST 2

できる人は「敵」を不用意につくらない

田中角栄の名物秘書に、早坂茂三《しげぞう》という人がいました。

彼は、「頂上を極めるには何が必要か？」と角栄から質問されたことがあったそうです。それに対する回答は、「味方をつくることではないですか？」というものでしたが、

「違う。敵を減らすことだ」

と当時、44歳の田中角栄は答えたそうです。

「敵を減らすよりも味方を増やすことのほうが大切じゃないですか。だって味方は協力してくれるんですから」

となおも食い下がって主張すると、

「だからおまえはダメなんだ。人間がわかってない」

と叱られたそうです。

そして、早坂茂三は、「年を取ってから、オヤジのいっていたことがよくわかった」と語っていました。

味方を増やすことより敵を減らすこと――。田中角栄のいうこの重要性がわかるでしょうか。

味方というのは、たしかに協力はしてくれます。しかし、自分が損をしてまで協力してくれるかといえば、そんなことはありません。政界はそんなに甘くないからです。

味方同士は、「お互いにメリットがあるならば」という前提のもと、利害関係の枠の中でものごとを処理しようとします。

ところが敵同士は、そういった利害関係を超えて対立してしまいます。**敵はしばし自分を犠牲にしてまで相手を蹴落とそうと懸命になるのです。これが怖いのです。**その エネルギーを軽んじることはできません。

「人の好き嫌いはするな。誰に対してもいつでも平らに接しろ。来る者は拒まず、去る者は追わず。他人のために汗を流せ。できるだけ面倒を見ろ。手柄は先輩や仲間に譲れ。損して得を取れ。進んで泥をかぶれ。約束ごとは実行せよ。やれそうもないことは引き受けるな。これを長い間、続けていけば敵が減る。多少とも好意を寄せてくれる広大な中間地帯ができる。大将になるための道が開かれていく。頂上を極めるにはこれしかない」

と、稀代の人間通である田中角栄は、いたずらに敵をつくるなと留意したわけです。秘書にも厳命しました。とにかく敵をつくるな、と。

しかし、結局は、国益を守るために日本にとって最大の「敵」でもあったアメリカにスキャンダルを仕掛けられて、総理の座から引きずり下ろされてしまいますが……。

さて、私たちビジネスパーソンの世界に目を転じてみましょう。

たとえば、会社を辞めたくなる動機で最も多い原因はなんでしょうか？　会社が嫌になった？　仕事が嫌になった？　給料が低い？　チャンスを与えてくれないから？

いずれも違います。正解は、「人間関係に悩んで」「人間関係がぎくしゃくして」という理由です。たかが数人、せいぜい数十人というチームの人間関係がトラブってしまった結果、「会社を辞める」というところまで追い込まれているのです。

そんな事態になったのは、いったい誰のせいかといえば、チームのせい、職場のせいではありません。自分自身のせいなのです。


会社組織というのは、どんな大企業だろうが所詮、狭い世界です。その中で仕事をスムーズに進め、なおかつ結果を出していくためには、チームワークが必要です。だから、不用意に敵をつくってはいけないのです。


職場にはいろいろな人間がいるので、なかには嫌いな人もいるでしょう。それはしかたのないこと。しかし、その「嫌いな人」を「敵」にしてしまってはいけない――。

そこが重要なのです。嫌いな人とは、単なる利害関係者として客観的かつ合理的につきあうべきです。

と、偉そうなことをいっている私自身はどうかというと、実は、サラリーマン時代、職場の人間とトラブってばかりいました。

とくに上司とは何度もトラブっています。初めに入社した会社での3年間だけでも部門は四つ、上司は7人替わりました。

いま思えば、人間関係にトラブった原因はすべて私にありました。正直にいうと、周囲がバカに見えてしかたがなかったのです。生意気で傲慢でしたから、たとえわからないこと、知らないことがあっても彼らに聞けないのです。しかたなく知ったかぶりばかりしていたわけです。

そんな私に、取引先の経営者がアドバイスしてくれました。おそらく私の先輩から頼まれたのだと思います。どうせ、あいつに直接いっても聞きやしないと踏んでいたのでしょう。

「頭のいい人間に見せよう、と背伸びすることはない。無理はいつまでも続かない。**バカになったほうが他人からかわいがられるぞ。長い目で見れば、人が安心してつきあってくれる人間になったほうがどれだけ得か**」

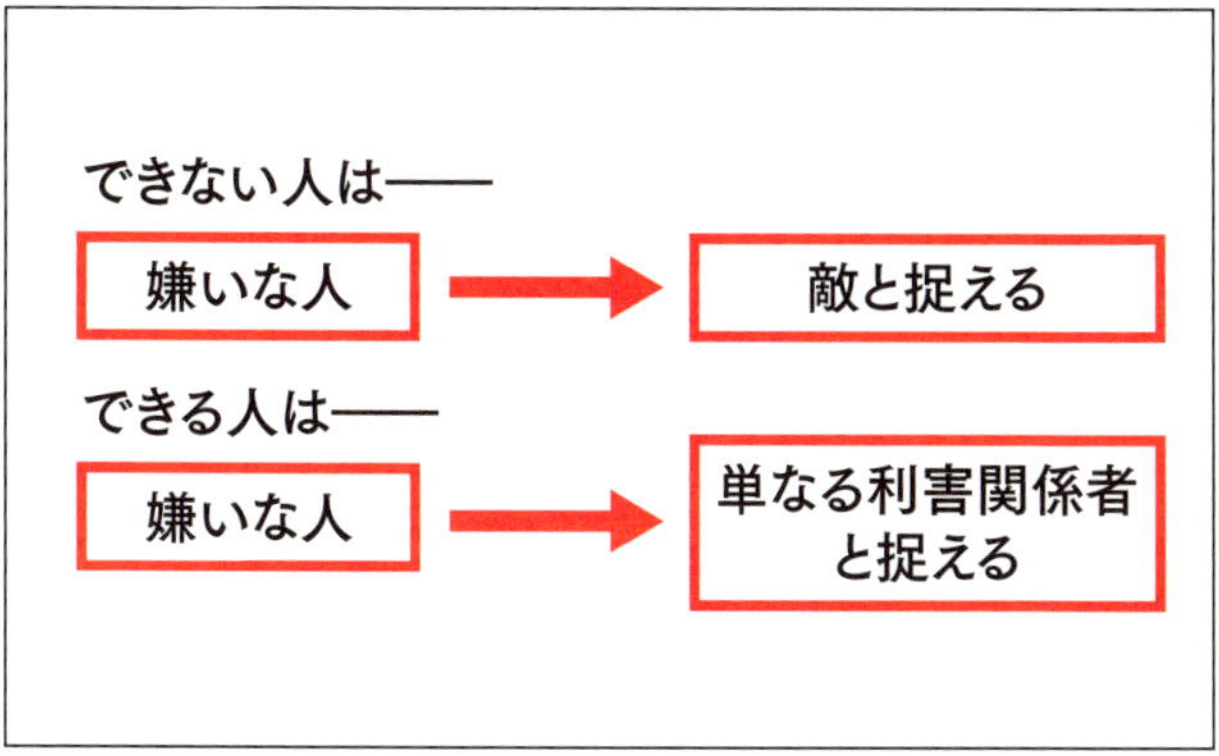

彼は当時、全国に20社を率い、銀座に本社を構える企業のオーナーで、日本興業銀行をはじめ、大手都銀の頭取が直々に日参するキーマンでした。

実は、この経営者自身、若いときには自分の力を見せつけたくて周囲と衝突を繰り返してばかりいた、というのです。

私を見ていて、その傲慢さがあまりにも自分と酷似していてハラハラするといいます。そして、

「あのとき、もしバカを装うことができれば、ボクはもっと大きく成功できた。君にはボクと同じ轍を踏まないでほしい」

と諭してくれたのです。

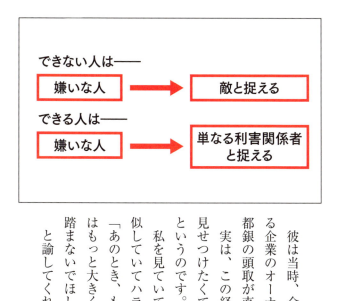

LIST 3

できる人は「頼みやすい人」にならない

日本の会社制度の中で、外国人が不思議がることの一つに「残業」があります。能率よく仕事をしていれば残業にはならないはずなのに、どうして残業代（時間外手当）までもらえるのか――というわけです。

たしかにこの意見には同感です。

データによると、日本のビジネスパーソンが普段から残業する確率は90・1％もあり、月間平均残業時間は39・2時間です（日経BP社調査・有効回答数1869件。参考までに労働基準法の限度は月間45時間です）。

残業したからといって、生産性が上がるわけではありません。

むしろ下がります。

電気代だってかかるし、身体にだっていいわけがありません。毎日毎日、残業続きなら心身ともにクタクタに疲れてしまうでしょう。

みな、本当に猫の手も借りたいほど忙しいのでしょうか？

残業の原因には、さまざまなものがあると思いますが、まとめてみれば、次の三つに集約されるのではないでしょうか。

①仕事の量（締め切り、納期との関連性もあるでしょう）

……仕事量が多いという問題ですが、量が少なくても納期が厳しければ同じように残業の原因となります。多ければ「減らす」か、「分担する」か、「平準化する」かしかありません。

②仕事の質（仕事の段取り、仕組み、オペレーションなどの問題）

……たとえ同じ仕事でも、段取りと要領がよければあっという間に終わるでしょうし、悪ければ何日かけても終わりません。

仕事は「頭を使って」するものです。「考えた仕事」をしていなければ、仕事の能率は向上しません。

③人間的要素（性格、性分、クセなどの問題）

……どんな仕事も人間がするわけです。つまり、残業は人間がつくっているのです。個人の力で対処できる問題ならばいいですが、チームや部門、あるいは社風に問題があれば、一筋縄ではいきません。上司や社長に相談して抜本的な対策を講じなければなりません。

これは、上の人間にとっても、残業で対処するよりも能率アップで対処するほうが筋肉質な組織をつくることに役立ちますから、真剣に対処してくれるはずです。

これから帰ろうかという段になって、「あっ、そうそう。これを頼む」と用事をいいつけてくる上司。

「丁寧な仕事＝時間をかけること」と勘違いしている同僚や部下。

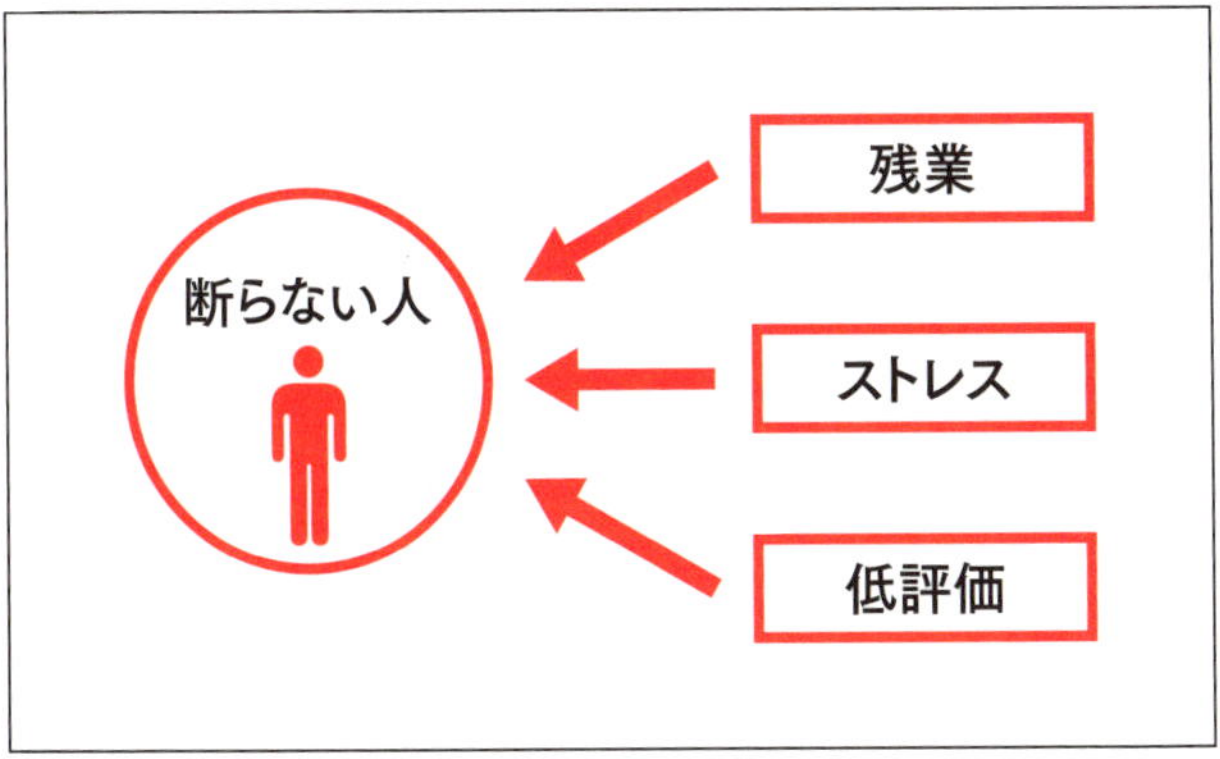

彼らが複合的にからんで、あなたの残業を増やしているのだと思います。

状況にもよりますが、**もし、あなたが、いつも特定の人間（その多くは上司）から残業を頼まれるとしたら、その人はあなたを「断らない人」だと高をくくっている**わけです。

仕事を「頼みやすい人」と「頼みにくい人」がいます。直感的、感覚的に、あなたには付け入る隙がある、と彼らは判断しているのでしょう。

勘違いしてはいけないのは、優しくて包容力がある、などと思われているわけではありません。ずばりいってしまえば「なめられている」のです。こういう輩に「甘い顔」を見せてはいけないのです。

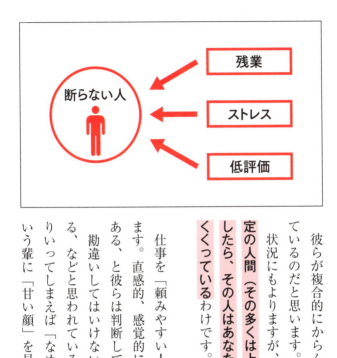

LIST 4

できる人は「便利屋」にならない

前項とも関連のある話ですが、誰でも1日の持ち時間は同じです。

しかし残念ながら、この時間は、すべて自由裁量で使うことはできません。ビジネスパーソンの世界では、上司は部下の時間を「奪う」こともできるからです。

「この仕事、君が担当するように」と、上司から新しい仕事を振り向けられ、新たに取り組む仕事の時間が増えます。「いま、ちょっといいか?」といわれ、仕事を中断して上司と打ち合わせをする時間が増えます。「いま忙しいのであとにしてくれますか?」といい返せる部下は、たぶんあまりいないでしょう。

上司の時間のほうが、部下よりも「コスト」がかかっています。上司は管理者賃金をもらい、時間単価が部下より高いわけです。したがって、上司は合法的に部下の時間を自由に奪える「絶対君主」なのです。

ですから、**部下は自分の時間を上司に奪われないように、上司の単なる「便利屋」にならないように工夫しなければならない**のです。

そして可能ならば、逆に上司をうまく活用して自分の時間効率を上げる——というくらいの技術もマスターしておくべきでしょう。

ところで、上司の「ちょっといいか?」が、本当にちょっとで済むことなど絶対にありえません。少なくとも10分、長ければ1時間を超えることもあるでしょう。そして「午前中は仕事にならなかった」ということもありえます。せっかくエンジン全開で進めていた仕事に急ブレーキがかかることになります。

「ちょっといいか?」という上司の一言は悪魔のささやきに等しいのです。

上司からしてみれば、部下より重要な仕事——とくに判断を下す、という重要な仕事をするときに正確を期するために、部下に確認しておきたいことがあるのです。

ですから、当然、部下は上司に協力すべきであって、基本的に上司は部下に気を使う必要などない、と私は考えています。

では、部下は、どうすればいいのでしょうか？

「昼までに必ずクライアントに提出しなければならない書類がありますので、5分でお願いできますでしょうか」

「今日中にお客様に渡す見積書をつくらなければならないので、明日の朝一番にしていただくわけにはまいりませんでしょうか」

といったように、自分の現状をしっかり伝えた上で、期限を区切って逆提案すればいいのです。

上司の時間も、部下の時間も、「価値」は同じなのです。「単価」が違うだけです。

上司には上司の仕事があり、部下には部下の仕事があります。それぞれがきちんと仕事をすることで成果を生んでいるのです。

しかし上司のほうは年収がたいてい多いので時間あたりのコストが高い、という意味で重要だ、というにすぎません。ですから、多忙ならば堂々と事情を話すべきです。

これは上司にとっても貴重な情報です。

なぜならば、蛇蜂取らずになりかねないからです。上司が命じた仕事を優先することで、部下が抱えている仕事が不十分なものになってしまったら、責任を取らされるのは上司だからです。**組織において上司というのは部下よりも危ない立場なのです。**

ですから、「いいから、いわれたことをさっさとやればいいんだよ！」などという乱暴なことはいわないはずです。「そうか、わかった。そっちの仕事に専念してくれ。これはB君に担当させるから」となるはずです。

上司は部下がどれだけの仕事を抱えているのか、正確なところはつかんでいないのです。だから、忙しいふりをしているだけの部下ではなく、本当に忙しい部下に仕事を振り向けたりするのです。

この事実だけを見ても、いかに部下の業務量を正確に把握していないかがわかるというものです。

LIST 5

できる人は「反省」をいつまでもしない

仕事にはミスや失敗がつきものです。「ミスも失敗もしたことがない」という人がもしいるならば、きっとその人は「何もしていない人」にちがいありません。ミスや失敗はあって当たり前です。大切なことは、ミスや失敗をしたあとの行動なのです。

まわりがミスや失敗に気づかないうちにさっさとリカバーしてしまえば、ミスも失敗も「なかった」ことと同じです。

それなのに、たいていは、ミスや失敗をすると、とことん落ち込んでしまったり、中にはそのミスや失敗を隠蔽したり、パニックになったりして「二次災害」を引き起こしてしまうケースも少なくありません。

では、仕事ができる人はミスや失敗をしたときに、どう対処しているのでしょうか。

「大火事にならないよう小火のうちに消せ」——これに尽きます。小さなミスや失敗をきっかけにして大きなミスや失敗へと傷口が深くならないように、傷口が浅いうちにきっちり止血することが大切なのです。

そのために大切なことは、

「隠蔽しない」
「反省しすぎない」

ということです。

「隠蔽」するのは言語道断です。「反省」するのは大事ですが、いまは反省している場合ではありません。リカバーに全力を尽くす。自分だけでは対処できそうもなければ、上司や先輩、同僚に事情を話してチームで対処して解決する——。これが大切です。

反省はあとでいくらでもすればいいのです。ミスや失敗は最初に解決しなければならないトラブルです。優先順位の筆頭は、このトラブルをリカバーすることです。

こんな当たり前のことをわざわざ指摘しなければならないのは、ミスや失敗をすると反省して、落ち込んでしまい、「当事者」のくせに戦力にならなくなってしまうことが少なくないからです。当事者としてミスや失敗をリカバーするために最も働かなければならないのに、使い物にならないようでは話になりません。

仕事ができる人は「心のスイッチ」を切り替える達人です。ミスや失敗でめげるのは「一瞬」です。そして、これからの仕事で必ず取り返してやると「覚悟」を決めるのです。過去は過去。それ以上でもそれ以下でもありません。もう戻らないことにクヨクヨしたって何も生まれません。

しかし、世の中には「クヨクヨしたがる人」が多いのです。クヨクヨするあまり仕事が手につかず、ため息ばかりついている人もいます。

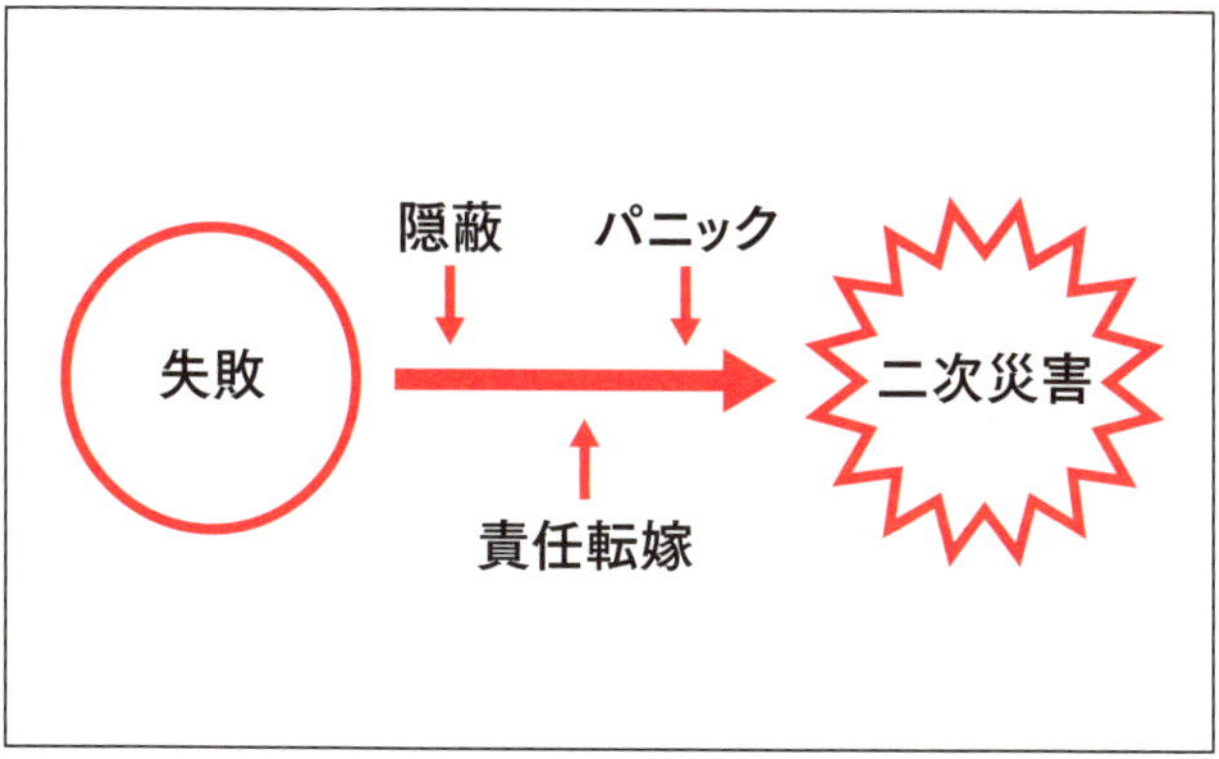

「なぜ、こんなくだらないミスを起こしたのか?」
「どうして、こんなこともできないのか……」と。

こういう「クヨクヨ人間」は「精神的に弱い」というよりも、「そういう性格」なのです。どうも反省している姿を周囲に見せないと許されないのでは? と錯覚しているようなのです。1週間もクヨクヨしているケースがありますし、驚くことに、半年前の失敗を思い出して改めてクヨクヨする人すらいるのです。

この記憶力を他のビジネスシーンで活かせたらもっと生産性が上がるのに、と残念に思うことしきりです。

失敗をしたとき**「反省はあとにして、いまは動け!」**と、意識を変えなければいけません。

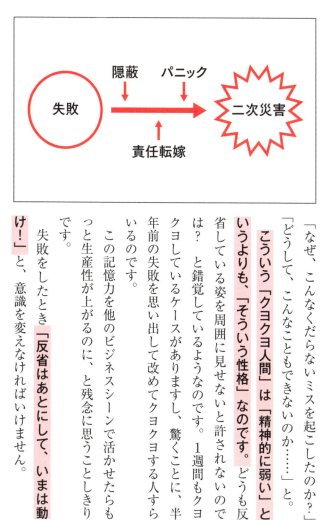

LIST 6

できる人は「知ったかぶり」をしない

素直な人、誠実な人、裏表のない人は好感を持たれ、評価されます。優しい人も好感を持たれます。しかし、ビジネスではときに厳しさも必要ですから、優しいだけの人は評価されないこともあるでしょう。

「職場」というところでは、周囲から見られていないようで、実はしっかり観察されているものです。**裏表のある人などは、必ず見透かされています。**

「彼（彼女）は同僚と上司に対する態度が露骨に違うね」

「彼（彼女）は下請けには強い態度で出るくせにスポンサーにはへいこらしている」

このように、自分では気づかれていないと思っているかもしれませんが、実はまわりから白い目で見られていたりするものです。

「能ある鷹は爪を隠す」といいますが、頭のいい人は「バカ」のふりができます。どうも「地頭の悪い人」にかぎって妙に難しいことをいったり、利口ぶったりするのです。「バカになれる人」は愛されます。**「バカになれる人」は、相手に胸襟を開かせる才能があるのです。**

たとえば、誰かと話をしているときに、自分が知らないこと、わからないことがあったとします。そのとき利口ぶらずに、**知らないことは「知らない」、わからないことは「わからない」とはっきり伝える。**そして、「教えてください」という姿勢で真摯に臨めば、誰もが親切に教えてくれるものです。

考えてもみてください。

もし、そのとき、自分が知らないこと、わからないことがあるにもかかわらず、「あとでネットで調べればいいさ」などと考え、知ったかぶりをして、教えを請わなかったとします。その場ですぐに聞けば済むことを、あとで調べるのは、時間の浪費以外の何ものでもありません。

時間を浪費するだけならまだましかもしれません。

もし、あとで調べようと思っていたけれど、忘れてしまったら……どうなるでしょうか？　そのことを知る機会を永遠に失ってしまうかもしれないのです。これって、ある意味、恐ろしいことだと思いませんか？


これはとくに若いビジネスパーソンにとって大事なことです。

「教えていただけますか？」

この一言が素直にいえるか、いえないかで、その後の成長力に大きな差が出てきます。わからないことは、上司や先輩に聞きまくればいいのです。

私は法人営業マンの時代が長かったのですが、不思議なことに、3年目、4年目の営業マンよりも、新人のほうが成績がよかったりするのです。多少の経験がある3年目、4年目の彼らよりも、ど素人同然の新人のほうがいい成績を上げたりするのです。

どうしてこんな結果になるのか？

ど素人はとにかく懸命にセールスするのです。たとえば、「ここはきっとダメだろう」などと勝手に判断したりせずに、とにかくアプローチをかけるのです。

ところが、3年目、4年目になると、いい意味でも悪い意味でも多少の経験がありますから、一目見て、「あっ、こういうところはダメだ」「ここは契約を取れないだろうな」と勝手に判断してしまい、アプローチしなくなるのです。

もしあなたが経験豊富なビジネスパーソンであるにもかかわらず、新人にも負けているような状態ならば、知識や経験ではなく、この「愚直さ」で負けていないか――をぜひチェックしてみてください。

あるベテラントップ営業マンは、自分がスランプに陥ると、好調な若手に頼み込んで営業に同行させてもらうのです。

それを「恥ずかしい」などと思いません。自分より20歳も若い営業マンがセールスしている姿を見て、初心に戻り、スランプ脱出のきっかけにするのだといいます。

「利口」ぶるのは仕事でも、人生においても、確実に損をします。

LIST 7

できる人は「できない約束」はしない

できない約束をする――これはビジネスをする上で、大変危険なことです。大きなビジネスであればあるほどその危険度は高まります。

ビジネスは「信頼」で成り立っています。できると約束をしたのに、「やっぱりダメでした、ごめんなさい」ではあっという間に信頼は地に落ちてしまいます。

「信頼がある」ということは他人から評価される云々といったレベルの話ではありません。ここを勘違いしている人がたくさんいます。**「信頼」のベースにあるのは「自分との誓約」なのです。**「誰かとの約束」ではなく、「自分への誓い」を守ることがベースにあるのです。それが結果として、まわりからの評価につながるのです。

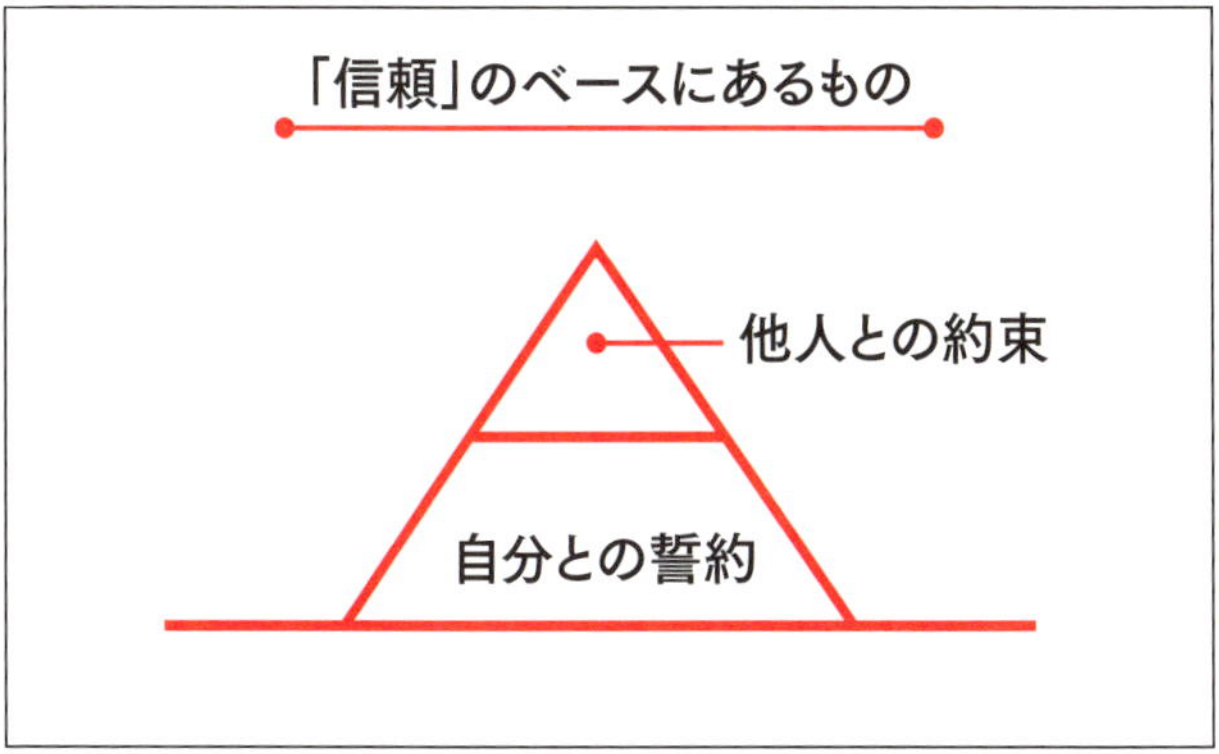

ところで、**「コミットメント」**という言葉があり、ビジネスの世界でよく使われますが、これは「約束する」という、そんな生やさしい言葉ではありません。訳すとすれば必達目標——**「死ぬ気でやる」「何がなんでも実現する」**という強烈な言葉なのです。ですから、外国人は軽い気持ちでこの言葉は使いません。

ビジネスパーソンの言葉は重たく、一度、約束したことを履行できないと、腹切り＝辞任につながります。その点、政治家の言葉は鴻毛よりも軽く、嘘だらけです。だから政治家は信頼されないのです。

「できない約束」はしないのがプロです。「不言実行」という言葉もあります。期待をさせるだけさせ

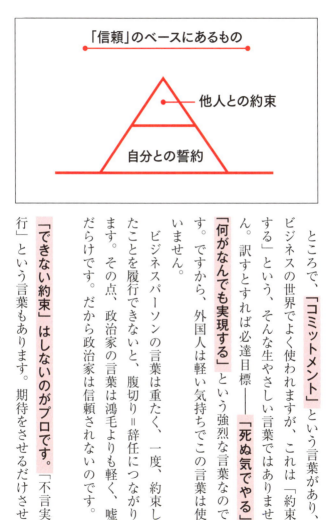

て、「できませんでした」と謝罪もしない政治家というのは、嘘をつくことに慣れているのでしょう。

仕事ができる人になるコツは「有言実行」にあります。「不言実行」だと、誰の目を気にすることもありません。

しかし周囲に宣言してしまうと、まわりの目を気にしなければならなくなります。「あの件はどうなっている?」「進捗状況はどうですか?」と、ことあるごとにチェックが入ります。だから真剣になるのです。

「いますぐにとりかかります」「時間内に終わらせます」——こう宣言したら、脳が強く意識するようになります。「宣言する」という行為は周囲の脳だけでなく、あなたの脳にもしっかりインプットされるのです。

これが意識を変えます。意識が変わることで行動が変わります。行動が変わることで習慣が変わり、そして結果を出せる人になれるのです。

できない約束はしない。そして約束したことは死んでも守る。

このことを肝に銘じてください。

LIST 8 できる人は「安請け合い」をしない

前項とも関連のある話ですが、「仕事ができない人」の代表格に、「安請け合いをする人」がいます。

できもしないくせに、安易に承諾する。

二つ返事で引き受ける。

そして誰にでも「いい顔」をしようとする人が少なくありません。

自分も多くの仕事を抱えて忙しいにもかかわらず、頼まれるとノーといえずに引き受けてしまう。結局、期限までに出来上がらず、上司や同僚、ときには後輩の協力を得て、まわりに迷惑をかけてようやく成し遂げる――。

これは罪つくりです。**相手に期待を抱かせておいて、最終的に裏切ることになって**

いるからです。

たとえば、Aさんという営業マンが、

「今月、ノルマが厳しいんで、どこか優良顧客を紹介してくれないか？　来月、この借りは必ず返すからさ」

と別チームの同僚Bさんに頼んだとしましょう。まあよくある話です。

もちろん、うまくいけばいいのですが、セールスという仕事は、そう甘くはありません。Bさんは、Aさんを助けるどころか、自分だって苦しくなってしまう……。と、少し考えればわかるのに、安易に引き受けてしまったりするわけです。

当然、Aさんは期待をするでしょう。Bさんは、自分のノルマも達成できないのに、Aさんの分まで仕事をしなければならないわけです。

「安請け合い」とは、できもしない約束を簡単に結んで反故にしてしまって、自分にも相手にも、そしてチームにも会社にも迷惑をかけることをいいます。

なぜ「安請け合い」してしまうかといえば、**仕事というものを、どこかなめている**

からとしか思えません。

つまり、「なんとかなるだろう」とお気楽に考えてしまって、いざうまくいかないとなったら、「すみません、できませんでした」とこれまたお気楽に謝ってしまうわけです。安っぽいのです。

営業マンのノルマくらいならまだましかもしれません。月末に手形が落とせないから、と必死な形相の経営者から懇願されて、「100万円くらいならお貸しできるかもしれません」と安請け合いをしてしまったとしたら……。

当日になって、「頑張ったけど無理でした。ごめんなさいね」では済みません。相手の会社は倒産してしまいます。

仕事ができる人は、「安請け合い」を絶対にしません。なぜなら、相手から「依存」されることを嫌いますし、何よりそれが自分の負担を重くしたり、仕事の質や生産性を下げたりしてしまうことを、よくわかっているからです。

もし、人から頼まれた仕事を引き受けるならば、いま自分が抱えている仕事が失敗をして信用や評価を落とすかもしれない、という覚悟がなければいけません。

「そんなオーバーな」

そう思うかもしれませんが、このくらいでなければならないのです。


仕事を懸命にしている人。

仕事は生きる糧《かて》だと認識している人。

この仕事と一緒に成長していくのだと考えている人。

彼ら、彼女らは、「安請け合い」など絶対にしません。

なぜなら、「安請け合い」なんてする余裕がないほど、いま自分が取り組んでいる目の前の仕事の精度を上げようと必死だからです。

LIST 9

できる人は仕事を「作業」にしない

仕事ができない人は、「いまの仕事はたまたまやっているだけで、自分が積極的に望んだものではない。自分が夢中になれる仕事をまだ見つけられない。だから、いまの仕事には本気になれないし、結果が出ない」などといった弁解をしたりします。

自分にとってはつまらない仕事、本意ではない仕事、天職ではない仕事だから、夢中になれないんだ、うまくいかないんだ――というわけです。

なにも仕事に「夢中」になる必要などありません。仕事で大切なのは「集中」することです。「集中」すると、もっとこうしたらいいのでは？ という「アイデア」が湧いてきます。これが「仮説」という名の創意工夫のもとなのです。

仮説が生まれたら、その仮説を検証してみようという具体的なトライアルに入ります。そのトライアルに成功すると仮説は正しかったと判明して、自分の仕事に達成感を覚えるのです。

ただ単にいわれたことをやっているだけの働きを「作業」といいます。自分で仮説を立てて実証し、改善、進化、進歩させる働きを「仕事」といいます。

作業には単なる「DO」しかありません。しかし仕事には「PLAN」「DO」「CHECK」「ACTION」の四つがあるのです。すなわち、「(アイデアを)考える」「やってみる」「検証する」「実践する」という四つの働きが「仕事」なのです。

ただし、仕事ができる人も、しょっちゅう、その「仕事」をしているわけではありません。

しかし、**「ここぞ」というときには「作業モード」から「仕事モード」にスイッチが切り替わる**のです。

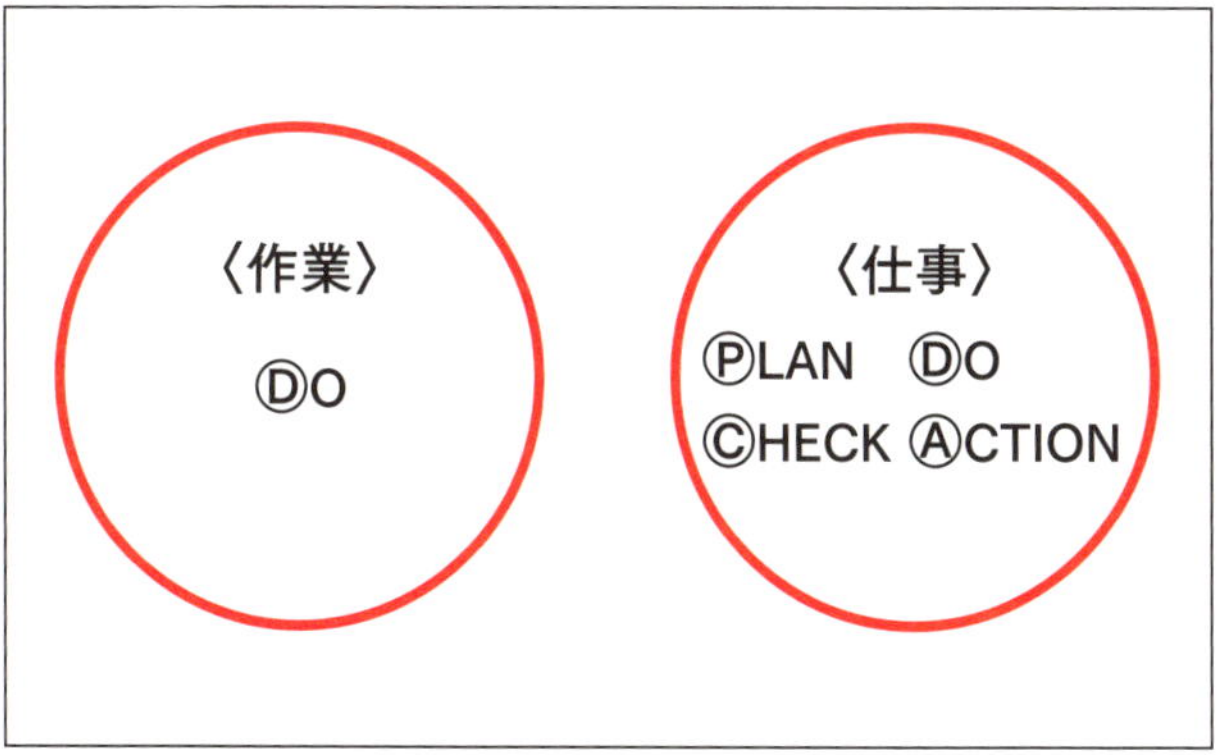

「ここぞ」という瞬間は、「集中」していなければ発見できませんし、遭遇できません。夢中になっていては「ＤＯ」だけです。集中していれば「ＰＬＡＮ」と「ＣＨＥＣＫ」が思い浮かぶのです。だから、仕事は集中することが重要なのです。

集中していれば、仕事の問題点とか改善点など、さまざまなことに必ず気がつくようになります。いままで「他人事」にすぎなかった仕事も、「当事者」としてグイッと自分のほうに引き寄せられます。

仕事は集中すれば、必ず結果がついてきます。結果がついてくれば、仕事が面白くなります。仕事が面白くなれば、さらにいい結果がついてきます。この好循環をつくることが大切です。

LIST 10

できる人は「やる気」を上げ下げしない

本物のプロフェッショナルは、「やる気」がどうのこうのと口にすることはありません。**「スイッチが入ろうが入るまいが仕事をする」のがプロです。仕事ができない人は、「仕掛かり」が遅いのです。**ソフトが重たくて起動が遅いパソコンによく似ています。どうしてこんなに遅くなるかというと、たくさんの「言い訳」や「弁解」を準備しているからです。


「まずはコーヒーを飲んでから。それから頑張ろう」

「部長は今日、忙しそうだな。報告は明日にしよう」

「いま、あせって進めないほうが、たぶんいい結果につながる」

「以前頼まれていた仕事を片づけてからとりかかったほうが集中できる」

仕事の生産性を上げるコツ

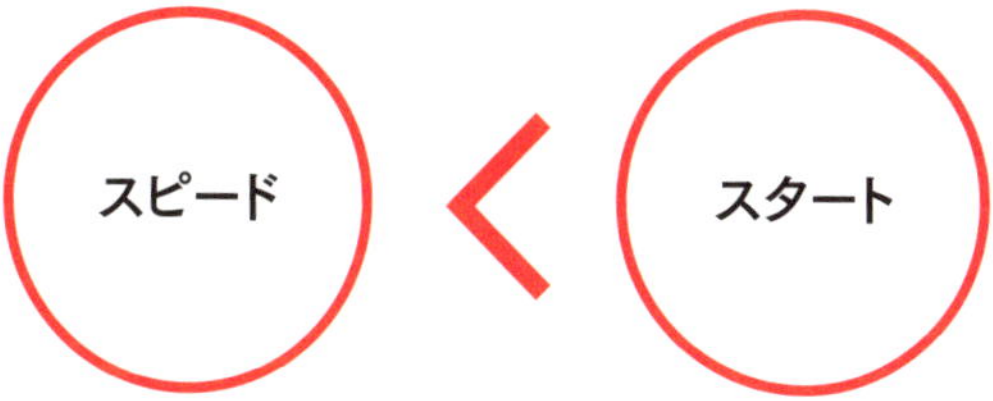

できる人は「仕掛かり」が早い

このように「仕掛かり」が遅い人は、要するに「仕事を先送りしたい」のです。だから、もっともらしい理由を探すことに懸命です。両手に余るほどの仕事を抱えている人がさっさと始めているのに、そんなに仕事もない人がなかなか仕事を始めようとしません。

仕事というのは、いったん始めてしまえば、誰だって集中モードに入っていくのです。始めないからスイッチが切り替わらないのです。**やる気に火がつくまで待つのではなく、火がついていなくても始める。**ここがポイントです。

仕事ができる人というのは、スピードというより

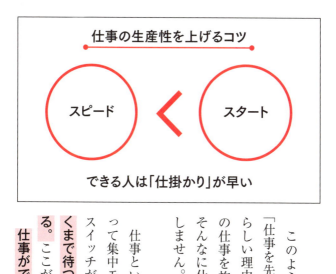

スタートがとにかく早いのです。やる気を上げよう、などとは思いません。逆に、へたにやる気を上げてしまうと、そのあと下がるだけですから厄介だといえます。

仕事は「始め」さえすれば、誰もがそんなに遜色のない仕事ができます。

この最初の「仕掛かり」に時間をかけるか、かけないか——。

ここで仕事ができる人とできない人の違いが出てくるのです。

どうせやらなくてはならないなら、さっさと始めてしまう——。これが「できる人の行動パターン」です。スタートしない限り、いたずらに時間だけがどんどん過ぎていきます。

仕事を始めれば、この無為な時間が生産する時間へと変わります。「やる気」があるかないかなどまったく関係ありません。

「スイッチを切り替える」とは、「時間の中身を切り替える」ことでもあるのです。

LIST 11 できる人は「できない理由」を探さない

もしここに、「できる」「必ずできる」といつも口にしている人と、逆に「できない」「無理だ」というのが口グセの人がいるとしましょう。

この2人がヨーイドンで、同じ仕事を始めたら、最終的には100％、前者がいい結果を出すでしょう。もし、あなたが投資家だとすれば、いったいどちらのタイプに大事な資金を投入するでしょうか？　100％前者でしょう。

「自信」とは「自分への信仰」のことです。

自分のことすら信じられない人が、他人をどうして信じさせることができるのでしょう。「できない」「無理だ」といった口グセの怖さは、自分が発した言葉が自分の耳を通じて、脳に入り込み、それが「心のブレーキ」「行動のブレーキ」になってしま

うことなのです。

「これは無理だ」「これはダメだ」と独り言をこぼしていると、まだ何もやってもいないのに、潜在意識が「できない」と脳のコンピューターにエンターキーを押してしまうのです。気がつくと、自分自身をすっかり「実行力のない人間」にしてしまうから、怖いのです。

一方、「できる」という人は、自然とその次に「では、どうすればできるかな」と考えます。その瞬間、脳はその問題解決のために猛烈に働き始めます。

ログセは、その人の「思考モード」を決定してしまうのです。 逆に、思考モードをポジティブ・シンキングに変換すればログセもガラリと変わるはずです。

ネガティブ・ワードが厄介なのは、自分だけでなく周囲の人間をも腐らせてしまうことにあります。**人材殺しの犯人はネガティブ・ワードなのです。**

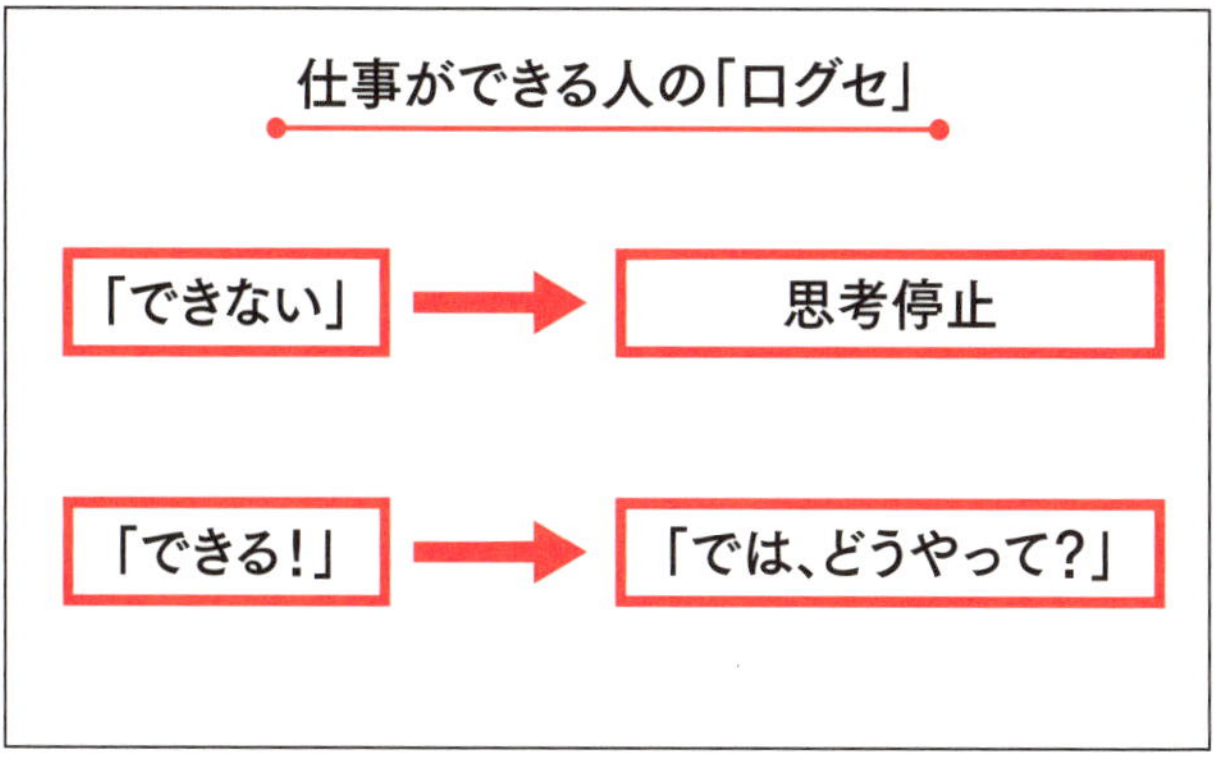

・会議でいつも否定的な発言をする人。
・チームが盛り上がっているときに「不景気なこと」をいい出す人。
・口を開ければ、「難しい」「厳しい」「無理です」「できません」と弱気な人。

こういうパーソナリティの人は、「貧乏神」「疫病神」「死神」として、いずれ排除されます。

なぜなら、こういう**ネガティブ人間は、ある意味で組織をダメにする強力なパワーを持っていて、危険な人物だとみなされる**からです。

できない、というか、できる、というか。表現的には、その差は紙一枚ほどしかありません。しかし、その心理的な差は絶対的に大きいのです。

日本電産を創業したばかりの頃、永守重信さんのところには、儲からない仕事、難しい仕事、納期まで時間がほとんどない仕事など、どこの会社も引き受けない仕事ばかりが舞い込んできた、といいます。なんの実績もありませんから、そんな仕事しか取れなかったのです。

技術的に、予算的に、納期的に、どれもこれも困難を極めるものばかりです。このとき、彼がしたことは、まだ数人しかいない全従業員と立ち上がって**100回「できる！」と唱和する**ことでした。

そうやって、「できない」という心理的な壁を壊して「できる」へと転換していったそうです。

LIST 12 できる人は「幹事」を嫌がらない

職場では、「ボランティア」のようなこともしなければなりません。

たとえば、社内の親睦会の委員とか宴会や旅行、ゴルフコンペの幹事とかがそうです。就業中に打ち合わせができるわけはなく、終業後に委員が集まって、まったくの手弁当で企画を考え、ときには旅行代理店で打ち合わせをしたりするわけです。

私が昔に勤務した二つの会社にも親睦的組織がありました。残業代がつくわけでもありません。完全なボランティアです。新入社員の歓迎会や忘年会なども総務部や人事部が担当するのではなく、若手の社員が主催していました。

会場を予約し、従業員から会費を徴収にまわり、イベントを盛り上げようと趣向を凝らす――。見ていて、準備が大変だったろうなと感心していました。彼らは仕事を抱えながら、プライベートの時間を返上して取り組んできたのです。

「縁の下の力持ち」という言葉がふさわしいのだ、と思います。「好きでやっているんだろ?」と冷めた目で見る人もいるかもしれませんが、人というのは公平に見ているものです。

ただでさえ忙しいビジネスパーソンが、自分の時間を返上して仲間のために奔走しているのですから、リスペクト、まではいかなくても、ありがたいな、すごいな、と思うはずです。少なくとも、私はそうでした。


ところで、あるとき、こういう親睦会の委員になる人(選ばれる人)には、ある共通点があることに気づきました。

一言でいえば、「お祭り人間」なのです。冷静沈着タイプというよりも「明元素」タイプなのです。

明元素とは**「明るく、元気で、素直」**の略です。どこかで聞いたことがあると思います。イベントを企画し、盛り上げるのですから、たしかにお祭り人間タイプがベストなのです。だから、いつもニコニコと明るい新人が入ったりすると、「彼を次の委員にしたいんだけど?」と所属部門長のところに打診が来たりするのです。

これは実はたいへん光栄なことだ、と私は思います。あの人なら、みんなのために汗を流してくれるだろう、と評価をしてもらえたのですから、喜んでいいことだと思います。**こういう人間は「便利屋」などではありません。「実力者」なのです。**

社内ボランティアには、たくさんのメリットがあるのです。

①他部門の幹部や先輩たちと知り合いになれる。
②部門横断的に顔と名前を売ることができる。
③仕事以外の業務を勉強できる。
④人事部、総務部と親しくなれる。
⑤外部業者との人脈ができる。

……他にもたくさんありますが、一番のメリットはやはり**「社内人脈」が開拓でき**

ることでしょう。

仕事ができる人は必ずといっていいほど、社内人脈が豊富です。

というのも、そういった社内ボランティアの仕事をスムーズに運ぶにはどうしても他部門の協力が欠かせず、そのために、他部門と交渉したり、依頼したり、頭を下げてお願いしているうちに、人脈ができてしまうのです。

しかも、自分の仕事ぶりや実績を自然と理解させることになります。「彼（彼女）、頑張っているね」と思わせたら、その後の仕事がいかにスムーズになるか。

「そんな急な依頼に応えられるか。無茶をいうなと突き返せ」

「○○君の依頼なんですよ」

「あいつか……しょうがないな。相談に乗ってやれ」

目をかけた人間は特別扱いする。

組織というのはそういうものです。

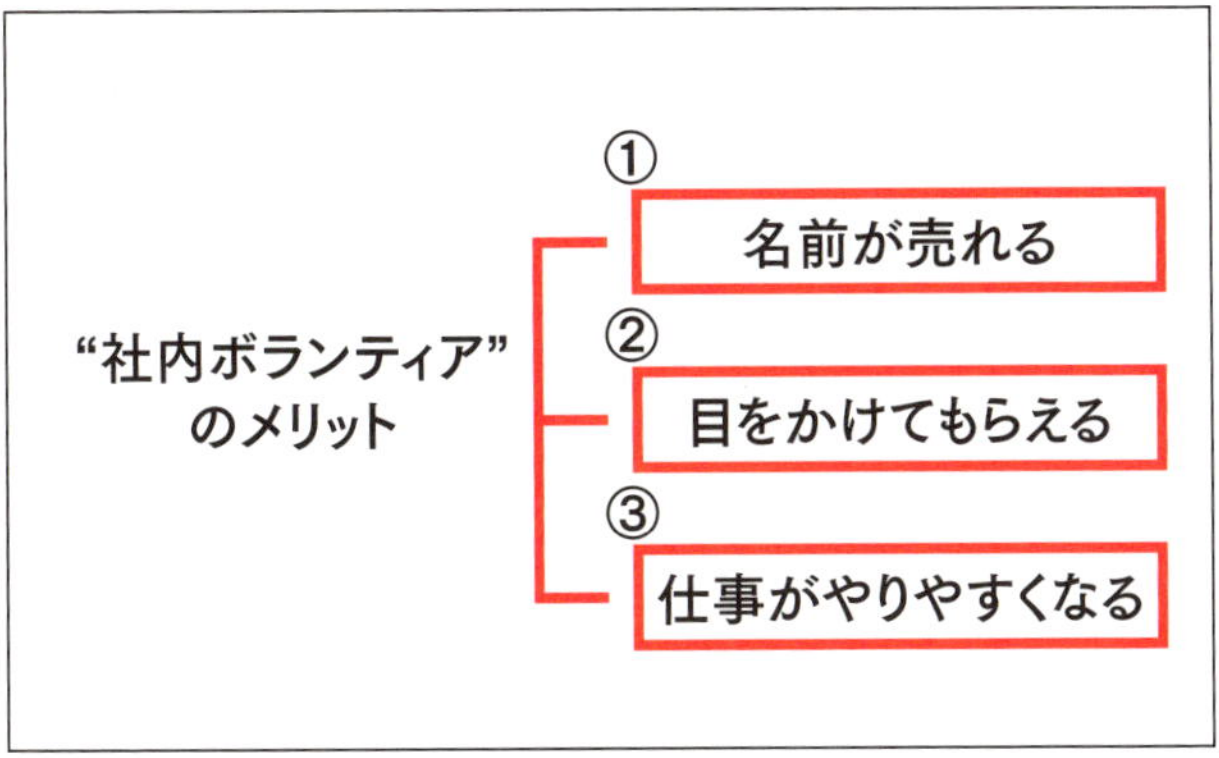

これを「えこひいき」という人間は、すでに「負け犬」です。「不公平」というなら、それは当たりません。なぜなら、ビジネスパーソンはえこひいきしてもらってこそのビジネスパーソンです。

とくに営業マンなどは、「この人から買いたい」とお客から「えこひいき」されてこそ結果を出せるのです。**特別扱い、VIP待遇、えこひいきされてこそのビジネスパーソンの実力だということをお忘れなく。**

ですから、とくに若いビジネスパーソンは、「宴会の幹事なんてやってられるか！」と考えてはいけません。「東奔西走、覚悟します」という心意気で引き受けてこそ一目置かれます。このことは断言できます。

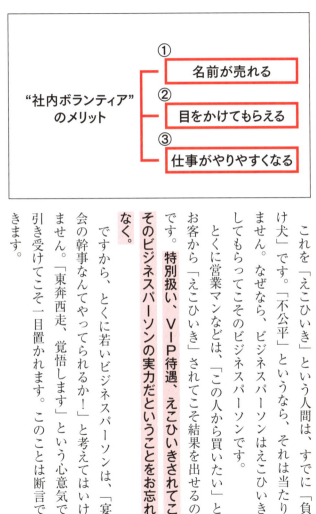

LIST 13

できる人は「交流会」をバカにししない

「勉強会や交流会で本当の人脈なんてできないよ」

こんなふうにいって、いたずらに交流会などをバカにする人がいます。いわんとすることは理解できるのですが、そういう「上から目線」の人たちは、たいてい有名企業のCEOであったり、本を何冊も出版しているコンサルタントであったり、早い話が、すでに実績もあれば地位もあるエリートなのです。

これからの若いビジネスパーソンや、伸び悩んでいて何かいいきっかけを探している人が懸命にやっていることを高みに立って揶揄するのを見たり聞いたりするにつけ、あまりにも品格がないと私は呆れています。もっと温かい目で見てほしいと思うのです。

私は、交流会や勉強会で強力な人脈ができたと思います。26歳から仲間と手弁当で始めた交流会、勉強会には、大企業の経営者や役員もいれば、吹けば飛ぶような会社のビジネスパーソンもいました。それこそ玉石混淆《ぎょくせきこんこう》だったわけです。

しかし、だからこそ面白いし、だからこそ、エスタブリッシュメントの人たちも素になって楽しめたのだと思います。

そもそも**交流会を経団連の会合と同じように考えることが間違っている**と思います。裃《かみしも》を脱いで、気軽に、忌憚《きたん》なく情報交換することがベストなのです。

私が主催する勉強会では、ビジネスのテーマだけにしてしまうと、大企業やベンチャーの経営者優先になりかねないので、わざとテーマをずらしています。たとえば、以前は「霊能者」にしたことがありました。日本の名だたる霊能者をゲストに招きました。シャンソン部会、ゴルフ部会、フーテンの寅さん部会など、テーマごとのオプション勉強会も盛んです。

フーテンの寅さん部会は、寅さんのように全国を神出鬼没で視察するものです。出雲や京都、九州などを訪問しています。出雲大社では60年に1回の遷宮にあたり、玉串奉納もさせていただきましたし、普段は拝謁できない本殿にまでのぼらせてもらいました。これもメンバーである出雲の経営者のおかげです。

熊本では現地の経営者やユニークなキーマンとの交流会もありました。1回こっきりではなく毎年の定番企画にしてしまいましたから、今後も交流が続きます。それがビジネスに発展してお互いに「WIN-WINの関係」になってもいいし、またここがポイントですが、**別にビジネスに発展しなくてもいい**のです。

人は人に会ってこそ衝撃を受け、ショックを感じ、目からウロコが何枚も落ちるのです。これを私は「ヒューマン・カルチャー・ショック」と呼んで、大切にしています。「えっ、こんな人がいるのか！　日本は広いなあ」と目から何枚ウロコが落ちたか。「世の中には上には上がいるものだ」とどれだけ謙虚にならざるをえなかったか。**人間は面白い人間に会うために生きている、**と小さな悟りを得たのも勉強会、交流会のおかげです。

もともと、勉強会や交流会を主催するようになったのも、26歳のときに発足した10人あまりの小さな勉強会がきっかけです。私は企画を投げかけるだけ。共感すれば軽いノリで参加してくれればいいのです。誰も参加してくれなくても、私はノー・プロブレムです。私1人だけが満喫できればいい、と思ってスタートしたのですから、たとえ私1人でもやり続けるつもりです。

勉強会。異業種交流会。こういったものをバカにしないことです。バカにする人は、人間を肩書でしか見ない、ということを自ら語っているようなものです。こういうタイプの人にとって人脈とは、大企業や有名企業の偉いさんとか、政界、官界、学界のエリートだけなのでしょう。

しかし、情報というのは偏向すると必ず間違えます。いつも政治家や官僚が間違えるのは、簡単な話で、賢明な国民の意思と正反対なことばかりしているからです。もっと真摯に国民の声＝マーケットに耳を傾けるべきです。**ビジネスパーソンは、マー**

ケットから目や耳を外したとたんに復讐されます。

できれば、**自ら交流会や勉強会を主催してしまえばいい**のです。立ち上げ方、進め方、集客方法などは私の別の本に懇切丁寧に書いてあります。わからなければ、既存の交流会に幹事として手伝わせてもらえばいいのです。そこで仲間をつのってスピンアウトしてもいいではありませんか。

情報というのは「主催者」に一番多く集まってくるのです。

なぜならば、主催者が情報を一番多く発信しているからです。

LIST 14
できる人は「素人考え」で仕事を進めない

「生兵法は大怪我のもと」

という言葉があります。少しばかりの知識や技術に頼ったりすると、かえって大失敗をする、という意味です。

「イラン人に道を聞くな」

という言葉もあります。彼らは親切すぎるあまり、聞かれたら知らないことでも適当に答えてしまうので、3人以上の人に質問して答えが一致したら初めて信用しなさい、という経験則です。

どちらにしても、知ったかぶりはトラブルのもとだ、ということが共通の教訓となっているわけですが、よくわからないくせに勝手な思い込みで突っ走って、あとで失敗することはたくさんあります。せっかち、不注意、おっちょこちょい、そそっかしいという「性格」に原因があるというよりも、もっと問題は根深く、そもそも素人考えで進めてしまうことの危険さがあるのです。

あるベテランコンサルタントが顧問先から新卒学生の採用について相談されました。もちろん、1人でも多くの優秀な人材が欲しいのは当たり前。そのための方策として、彼は優秀な学生は新聞を読んでいるに違いない。ならばA新聞だ。そこで、A新聞の日曜版に大きく広告を出してはどうか、という提案をしたわけです。

こんな間違いは誰でも気づきそうなことですが、ベテランコンサルタント氏の提案を天の声と受け取ったようで、そのまま数百万円も払って掲載したのです。結果は……ほとんどゼロでした。数百万円がどぶに捨てられた瞬間です。

いまや多くの会社が、たとえば「マイナビ」などの就職情報サイトを通じて新卒採用を行なっています。これはもはや「常識」ですが、おそらくこのコンサルタント氏は、ネットの世界に疎《うと》かったのだと思います。

また、会社側も同じように「情報リテラシー」が低かったのだと思います。ないもの同士だったわけです（その後、ネットの人材採用サイトで募集したところ２０００人もの応募があったそうです）。

「わからないこと」には安易に手を出してはいけないのです。もし手を出すなら勉強しなければいけないのです。自分が勉強しなくても勉強している人に相談したり、その分野で成功している人の協力を仰いだりしなければいけません。簡単なことです。電話一本で済むことだってあるでしょう。そのわずかな手間を怠ったばかりに、手痛いミスをすることも少なくありません。

「わからないことには手を出さない」のが正解です。ただし、現場の仕事ではそうもいってはいられないことが多いでしょう。

こういうときにものをいうのが「人脈」です。弁護士、弁理士、行政書士、司法書士、税理士、コンサルタントなどなど、**蛇《じゃ》の道は蛇《へび》です。ビジネスの世界では、意外**

に知られていない「罠」があちこちにあるものです。

たとえばサラリーマン時代、私のように副業で文章を書いていた友人がいました。彼の勤務先は巨大家電メーカーで、たとえ雑誌に文章を掲載することでも禁止。業務とはなんら無関係でも禁止。労務管理のうるさいガチガチの会社でした。

そこでペンネームで掲載していたのですが、結局、経理部の知るところとなってしまったのです。確定申告のときに普通徴収ではなく特別徴収に○を記して提出してしまったために、雑所得の情報がすべて経理部に把握されてしまった、というわけです。

彼はこってり油を絞られて放免されたからいいものの、会社の規定に違反したわけですから、クビになったっておかしくなかったのです。「知らなかったのだ」と弁解しますが、**素人の失敗とは、このように知っていて失敗するのではなく、まったくの無知が原因になっているケースが多い**のです。

仕事ができる人は、「専門家」に聞くのが巧みです。「今週会えないかな？　実は、こんなことをやろうかと思うんだけど、ランチでもとりながらいろいろ教えてほしい

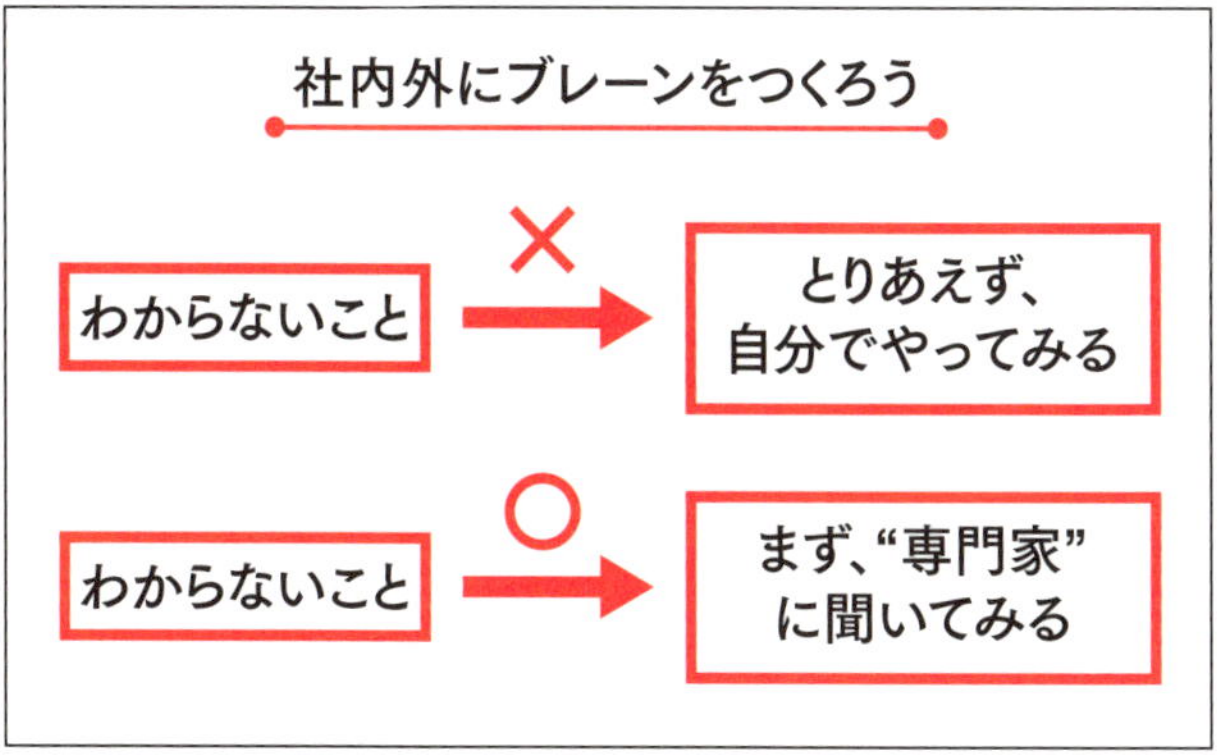

んだ」と相談するのです。

「専門家」は、あらかじめ関連する最新情報を用意して臨んでくれます。

仕事ができる人は、いわば友人・知人を「ブレーン」にしているのです。無知な人なら1年かけても得られない知識をわずか30分くらいで入手できてしまいます。

これが人脈の強みです。

だから、異業種交流会などに参加することには意味があるのです。

同じ業界の、同じような仕事をしている人間とばかりつるんでいないで、むしろさまざまな業界で活躍しているキーマンを何人押さえているかが、いざというときに強力な人脈となるのです。

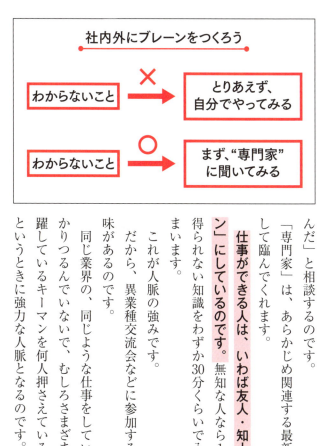

LIST 15

できる人は「実力」以外で人を見ない

仕事ができる人は、相手の地位や肩書などにとらわれません。その地位にふさわしい人材だと思えば、素直に認めます。「先生」「師匠」とすら呼んでしまいます。弁護士や税理士、コンサルタントという職業は「客商売」ですから、お客に愛されなくては、そもそも商売にはなりません。

資格はあるけど使い物にならない、という人はたくさんいます。弁護士ならどんなに法律知識を持っていようが、裁判で勝てなければ話になりません。いうまでもなく、**仕事というのは、「実力」がすべて**なのです。

たとえば、ここに世界的に有名なコンサルタント事務所の売れっ子が10人いたとしましょう。あなたが経営者だったとしたら、この人たちの意見を採用したいと思いますか？　もちろん、とても優秀な人材です。ハーバードやスタンフォード、ＭＩＴなどのビジネススクールを優秀な成績で卒業した人材ばかりでしょう。今後、会社を発展させることを考えれば、ぜひともアドバイスが欲しいところです。きっと採用すると思います。

では、こちらに松下幸之助がいたとしたらどうでしょうか。**あなたは、10人のトップコンサルタントグループの意見と、1人の松下幸之助の意見と、どちらを採用するでしょうか？**

私なら絶対に後者です。

彼に関する著書を書いているからではありません。10人のトップコンサルタントたちは会社を診断するプロフェッショナルです。彼らは数字から判断することには詳しいでしょうが、会社を実際に経営した経験はないのです。

一方、松下幸之助は尋常小学校4年で中退ですから、学歴などないに等しい人物です。しかし、奥さんとたった2人で工場を始め、優秀とはいえない丁稚小僧を教育しながら育て上げ、世界初の事業部制を導入するだけでなく、あの大恐慌や世界大戦、そして敗戦、公職追放、オイルショック、超円高などの修羅場を乗り越えて、売上10兆円を軽く超える世界的な家電メーカーを育てたのです。ちょっとやそこらのコンサルタントでは到底敵うわけがありません。

仕事ができる人は「資格」にはこだわりません。

極端な例を挙げると、手術を受けるなら、超一流大卒の医師よりも無免許のブラック・ジャックを選びます。

仕事というのは「結果責任」です。プロセスは一切評価されません。運で大成功を収めたならば、そういう運を呼び寄せたのも実力があればこそです。

資格などにあぐらをかかず、実力を磨くことです。ビジネスの世界にはたくさんの資格があります。こんなものは取ったらすぐに忘れるくらいでなければなりません。重要なのはそのあとです。

よく中途半端な個人病院に行くと、「○○大卒」とか「○○医大同窓会」などという証書が目立つところに飾られています。

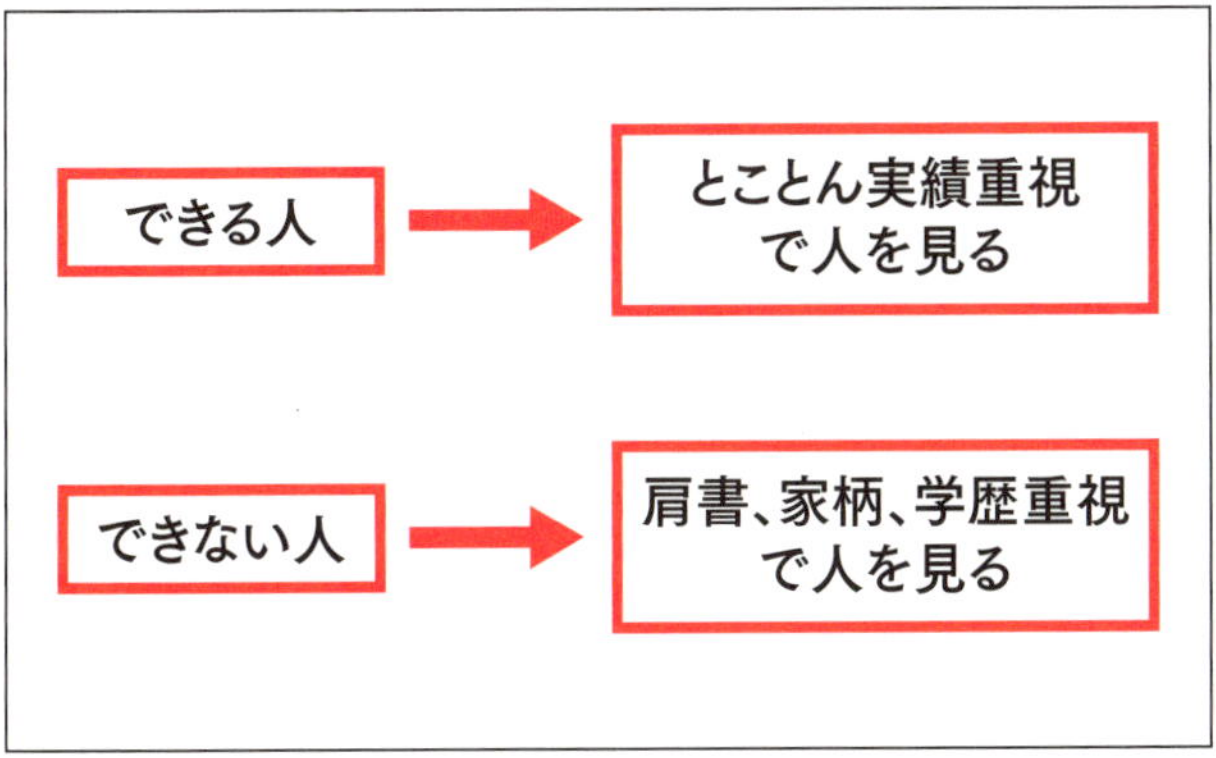

そういうものを見るたびに、「この医者はよっぽど技術に自信がないんだな」と私は感じてしまいます。腕がよければそんなものまったく必要ないではありませんか。

仕事ができる人は、できる人を使います。相手の「資格」になどなんの期待もしていません。

資格などは単なる「入場券」にすぎません。資格があるからこの人は仕事ができるだろう、結果を出すだろうなどとはさらさら思っていません。

資格だけでメシは食べられません。資格なんていうのは、資格を発行する団体の人々がメシを食べるためにあるのです。

ビジネスパーソンは、どこまでいっても「実力」と「結果」が問われ続けるのです。

LIST 16

できる人は「無関心」にならない

人は名前を呼ばれることが大好きな生き物です。同時に、自分のことを理解してほしい、わかってほしい、という気持ちが強いのが人間なのです。

私は人の顔と名前を覚えるのが比較的得意なほうだと思います。たとえば、私は、大学1年のときに必修科目の体育でサッカーを選択しました。そこに文学部のM君も参加していたのですが、29歳のときに知人が主催する独立起業パーティーで彼と遭遇しました。

「M君でしょ? 学生時代、サッカー、とってたでしょ?」「えっ……?」。学生時代には一度も口をきいたことがないのですから、彼が驚くのも当然といえば当然です。彼は私がどこの誰かも全然知らないのです。

私が彼の名前を覚えていたのは、教官が出欠を取るために学生の名前を読み上げ、みな返事をしていたからです。彼はサッカーがとてもうまかったため、注目していました。それで彼の顔と名前をインプットしていたのです。

こんな話を紹介したのは、**「人に関心を持て」**といいたいからです。人を注意深く見なさい、注目しなさい、ということです。

私は人の「自己紹介」を聞くのが大好きです。耳をダンボにして傾聴します。「ふ～ん、熊本出身？　一番の繁華街、下通商店街について聞いてみよう。やっぱり米焼酎が好きなのかな？」などと連想します。そして、そういう質問を投げかけると、「そんなこと、よく知っていますね」と一気に親しくなれるのです。

人の名前と顔を覚えるには、自己紹介を聞くとインプットしやすいのです。自己紹介などは「プロファイリング」のチャンスです。自己紹介がなくても、一つか二つ何か質問すれば、プロファイリングなど簡単にできます。もちろん、これはいちいちノートに取るわけではなく、脳の片隅に記憶するだけです。

「私は記憶力が悪くて……」などという人がいますが、これは「記憶力」というよりも**「意識の力」**だと思います。人を意識する、人に関心を向ける、無関心を装わない、という姿勢の問題ではないかと思うのです。

意識すれば、ほとんど条件反射で脳は起動し、メモリが動き始めます。意識しなければ脳は眠ったままです。

私は、パーティーや会合があると、自然と周囲の会話を聞いています。目の前の人と会話をして、うんうんと、あいづちを打っているにもかかわらず、実は他の人同士の会話を聞いている、ということも少なくありません。私とつきあいの長い人からは、「いま、中島さん、聞いてなかったでしょ?」とお叱りを受けることもしばしばですが……。


人に関心を持ち、たくさんの人と会っていると、顔を見ているだけでその人のパーソナリティとかキャラクターがある程度、読めるようになってきます。

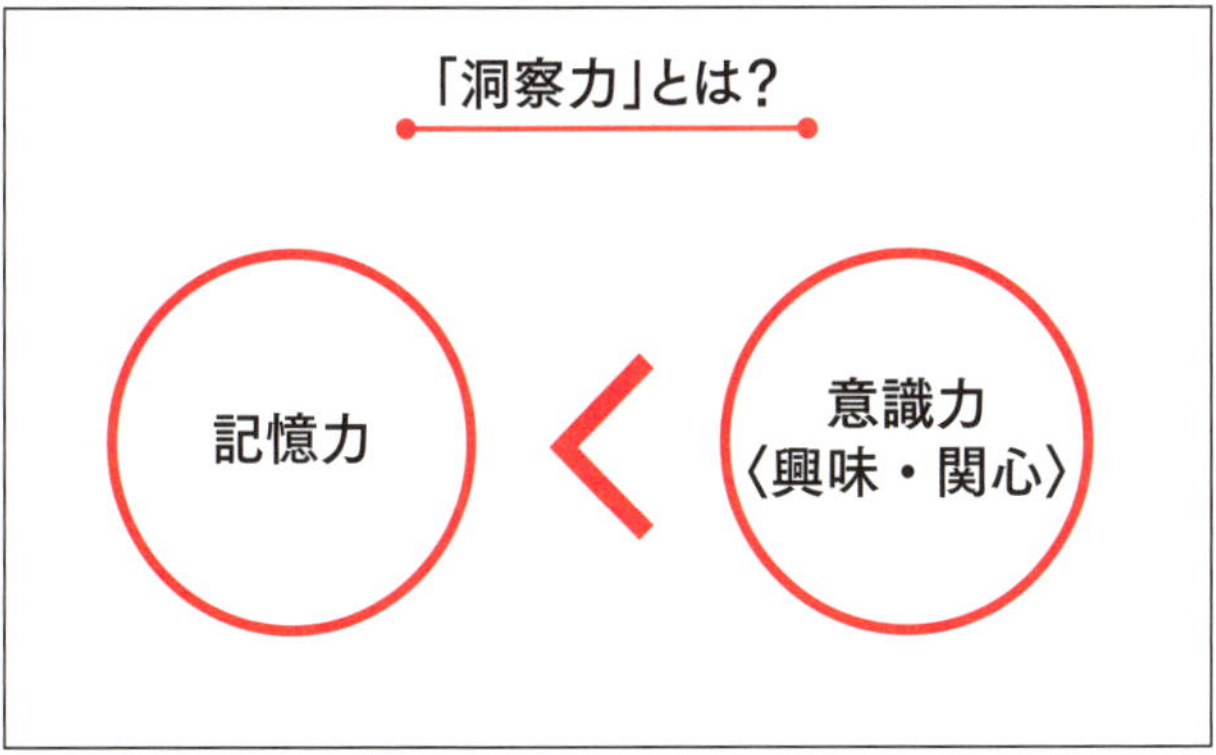

顔相でどんなタイプの人間なのか、ある程度、パターン認識できるようになります。

初対面にもかかわらず、ああ、この人はこんな性格だろうな、ならば、こういう姿勢でコミュニケーションしたほうがいいな、とわかるようになるのです。

これは、一言でいうと「洞察力」です。**「洞察力」は、ビジネスをする上で大きな武器となります。**

ステレオタイプに人を分類するのは危険かもしれませんが、仮説を立てて検証すると、たいてい、私の見込みは外れてはいません。これも人間観察を続けてきた賜物だと私は自負しています。

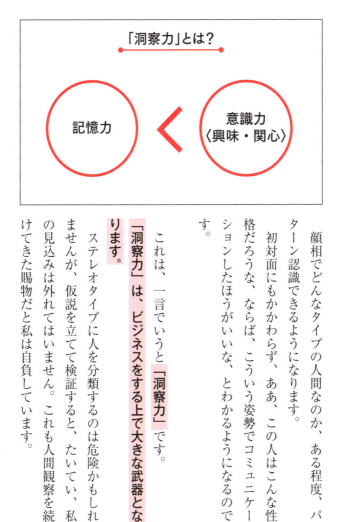

優秀な営業マンは、初対面でもお客の性格などをうまく読み取ります。3分もお客と話せばわかります。

相手の名刺交換の様子、語り口、顔相、ファッション、歩き方、髪型、笑顔、眼差し……など、人間観察をしていれば、直感が働くようになるのです。

もし働かないというならば、これまできちんと人を見てこなかったのだと反省しなければなりません。ぼんやりと人を見ず、その人の向こうに映る影までをも見透かすつもりで観察するのです。

この人はこんなキャラクターではないか？

こんなパーソナリティではないか？

という仮説を立てながら相対するのです。

一目置かれる人は仕事ができる云々だけではなく、「人間通」なのです。

LIST 17 できる人は「大差のない」ことに悩まない

「迷う」ということはどちらでもいいから迷うのです。どちらかに明らかなメリットがあれば迷うはずがありません。迷うのはどちらに転んでも同じようなメリット、デメリットがあるからです。そんなものはどちらを選んでも同じこと。ならば、さっさと判断して行動に移したほうがいいのです。

私は、そんな考えの持ち主です。

たとえば、早大と慶大ならば、どちらに合格しても同じようなものでしょう。しかし、もし慶大と東大に合格したら（医学部などは除いて）、ほとんどの人は東大に入学するでしょう。

スマホをiPhoneにするか、Androidにするか。機能やスペックはどちらも一長一短でしょう。どちらを選んでも同じようなものです。ならば、最初に目についたほうを選べばいいのです。

同じようなものだから迷うのです。

ところが、人間は差があると、あっ、こちらのほうがいいとすぐに選択できるのです。とっても不思議な生き物だ、と私は思っています。だから面白いし、研究のしがいがあるのでしょう。

はっきりいいますが、**「大差のない」ことには悩まなくていいのです。極端な話、サイコロで決めたってかまいません。**A案がいいが、B案も捨てがたい——そんなとき、いつまでもああでもない、こうでもないと悩む暇があるなら、さっさとどちらかに決めてしまうことです。

すぐに判断して、実行に移すことが大事です。

そして、走りながら考えればいいのです。もし、その結果、A案を採用したのが間違いで、B案が正解だったとすれば、すぐに軌道修正し、リカバーすることができま

できる人 → **失敗に気づくのが早く、リカバーも早い**

できない人 → **失敗に気づくのが遅く、気づいたときはいつも手遅れ**

す。

つまり、「失敗に早く気づく」こともできるわけです。ここが重要なのです。**迷って、いつまでも判断を先延ばしし、何かミスが起きたときにはもはや手遅れだった――ビジネスにおいては、これこそ最も危険なこと。**それを理解しなければいけません。

現代のような情報社会ではますますそのリスクは高まっているといえるでしょう。

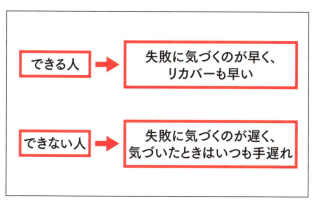

「大差のない」ことには悩まない――。私はこれまで、そのようにしてきました。就職にしても、内定を最初に出してくれた会社に決めようと思い、そのとおりにしてきました。

ただ最近では、「迷ったらやめておく」というスタンスに変わりつつもあります。

それは、リスクを取らなくなった、ということではなく、迷ったままあえて突き進むよりもいったんストップして様子を見てからでも遅くはない、と考えるようになったからです。それからでも十分リカバーできるという自信や知恵がついたということかもしれません。

「あのとき、突き進んでいればよかったのに」「チャンスの女神は前髪しかないから、チャンスだと思ったときに捕まえなければいけないんだ」といわれようが、後悔しません。チャンスは1回しか訪れない、というわけではありません。何度も訪れます。ただし「準備」をしていなければ捕まえることはできません。

LIST 18

できる人は「好き嫌い」で仕事をしない

ビジネスパーソンは、どんなに周囲に嫌いな人たちがいても、仕事はきっちりしなければなりません。

これは鉄則です。「鉄則」というより「当たり前」といっていいでしょう。好き嫌いで仕事をするのはアマチュアです。**プロフェッショナルは、好き嫌いという次元を仕事や職場に持ち込むことなどしません。**

ビジネスという戦争の場面で、たとえばいくら同期の桜たちが嫌いだからといって、単独で戦えるわけがありません。**どんなに仲が悪かろうが、いざ、敵を前にしたときは、同じ職場の人間は団結しなければなりません。**あいつは嫌いだからと、間違っても後ろから味方を撃つようなことはしないのです。嫌いでも、重要な戦力だからです。

「いや、中島さん、外資系の日本法人の経営者には、いつも後ろから鉄砲玉が飛んでくるんだよ」というのは新《あたらし》将命《まさみ》さん。いまや経営セミナーの売れっ子講師。元は世界的な外資系医薬品メーカーなどの社長を30年以上もつとめ、外資系経営者をとりまとめているキーマンです。新さんは、「注意して見てごらん。外資系企業の日本人社長に人相のいい人はめったにいないから」ともいいます。

いつも後ろを注意しなければならないから、どうしても疑心暗鬼になってしまう。いつ寝首をかかれるかわからない。だから、側近でも完全には信用しない。いや、自分のポストを奪われるから側近こそ一番危ないと、いつも考えているから、それが顔や表情に出てくるのだそうです。

「そんなバカな……」と思うのは良くも悪くも、まだある程度年功序列があり、成果主義を採用していない日本企業に勤めているビジネスパーソンだけでしょう。アメリカの大企業で活躍するエグゼクティブは、過酷な成果主義の中でストレスを抱えて戦っているわけですから、彼らが定期的にセラピストに診てもらっているのも理解でき

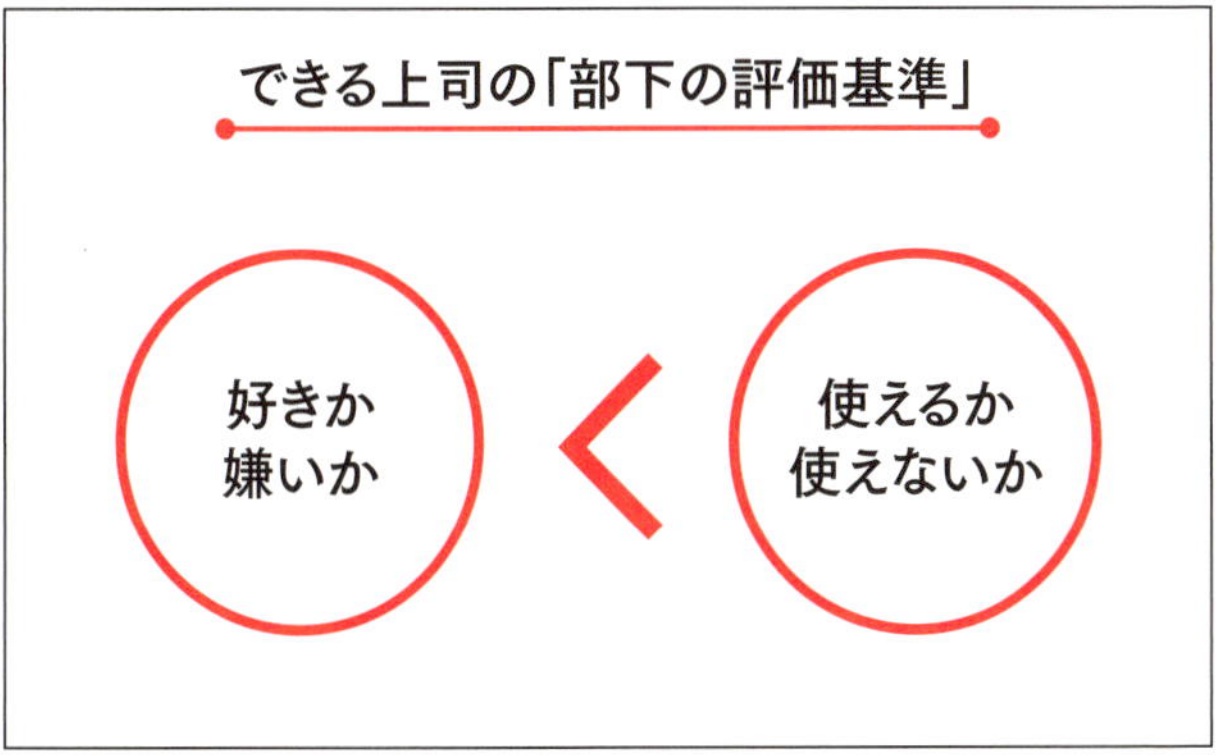

ます。

私の知人は、小さな会社（役員は家族3人、従業員4人）で管理部長として働いていますが、こんな小さな組織でも、管理部長のポストを奪おうと、あることないことを（実際にはないことばかりですが）、社長に吹き込む従業員がいるそうです。

管理部長も親族なのですが、経営者が愚かでそのガセ情報を信じ込んでしまうのだそうです。

そのつど、その従業員を注意するそうですが、「私は知りません」「そんなことといってません」とシラを切るそうです。

こんな人材でも、ベテランなのでクビにできず、使わなければならないそうです。私ならクビにしますが……。

私の知人は、こういった問題のある従業員は改心させることではなく、会社の業績を伸ばすことに活用するのが大事だといいます。「好き嫌いで仕事はしません」というのです。これこそがプロフェッショナルなのでしょう。


「好き嫌い」という次元で戦っては、相手と同じ土俵に乗ってしまうことを意味します。上司は、部下より高い意識と視点を持って対処する、そのためにはあの人は嫌いだから排除する、あの人は好きだから重用する、というだけでは組織は成立しません。なぜならば、そんなに人間的に優れた従業員ばかりが集まるわけがないのです。

とくに中小企業はこの不況期でもなかなか人材が集まりません。ですから、どうしてもいまの戦力で戦わなければならないわけです。それで好き嫌いなどいっていたら仕事になりません。好きだろうが嫌いだろうが、最終的な目的は同じです。結果を出すこと、利益を上げることです。本当の敵は外にいるのです。

LIST 19

できる人は「悪口」をいわない

戦国時代末期に16歳で来日し、明の朝廷にも派遣されていたポルトガル人イエズス会士のジョアン・ロドリーゲスという人が日本人を評してこんなことを述べています。

「彼ら（日本人）は侮辱や悪口を人の面前でいわない……したがって諍《いさか》いは稀である。というのは、諍いをする者は死を決意するからである」

悪口はいわない。
悪口はいってはいけない。
もしいうときは、必ず相手に伝わるものだ。

そう覚悟しておいたほうがいいでしょう。

私も悪口はいわないことにしています。なぜなら、悪口をいった瞬間、自分がその人よりも劣っていることを宣言したに等しいと思っているからです。

悪口をいうということは、その相手を内心、高く買っている証拠なのです。ですから、逆に私は、自分に対する悪口や批判、非難を聞くと、そこまで自分を高く買ってくれているのかと、内心、ほくそ笑みます。

「イヤよイヤよも好きのうち」という言葉がありますが、好きの反対語は「嫌い」ではなく、「無関心」です。わざわざ悪口をいうのは、「関心」があることの証拠です。本当に嫌いならば、口にするのも嫌ですし、そのうち視野にも入れなくなります。結果として無関心になります。


もし、あなたが誰かの悪口をいうとしたら、きっとその人をライバル視しているのだと思います。

しかも、どちらかというと、相手の実力は自分よりも劣っていると思っていて、それにもかかわらず、相手に勢いや若さやエネルギーや周囲の人気などがあって自分のほうが劣勢である——というパターンが多いのではないでしょうか。

そのことを認めたくない。だから、悪口をいわなければ気が済まないのです。いわば、「負け犬の遠吠え」です。自分のポジションや居場所を奪われたくないから、何とかして貶めようと考えているのかもしれません。

しかし、そんなことをしても無駄なのです。嫉妬で人の足を引っ張ったところで、自分の実力や人気が盛り返すわけがありません。

逆に、前向きに考えて行動を変えてとことん実力をつけるか、土俵を替えて勝負する道を探るべきでしょう。

誰かが人の悪口をいっているときも注意が必要です。「うんうん」とうなずいたとたん、あなたもその悪口には正当性があると認めた、と受け取られてしまいます。

もしあなたが一緒になって悪口を助長するような人物なら、たかが知れています。きっと、あなたも陰で同じようにその人から悪口をいわれているはずです。

「ジャーナル・ライティング・セラピー」というものがあります。これは、アメリカなどでセラピストがよく使っている手法で、**悪口や愚痴、非難をありったけ紙に書き出すという心の整理術**です。

まるで「呪いの書」のようですが、この効果はバカにできません。この手法を取り入れてみてはどうでしょうか。

もし、当人にどうしても何かいいたいときは、「悪口」や「批判」ではなく「アドバイス」という形で伝えるべきです。たとえば、

「君には素晴らしい点がたくさんあるけど、ひとつだけ○○というクセはいまのうちに直しておいたほうがいいと思うよ」

と伝えればいいのです。それがベストではないでしょうか。

LIST 20 できる人は人の「不平不満」につきあわない

「一生を棒に振る仕事」に出会えた人は幸福だ、と私は思います。

私は、福本清三さんという俳優が好きです。『どこかで誰かが見ていてくれる――日本一の斬られ役　福本清三』という、彼をインタビューした本があります。

私は大の映画好きでブログでも200本ほど紹介しているくらいです。彼が出演した『仁義なき戦い』などの一連のやくざ映画も好きですし、時代劇も好きです。

彼の役はすべてちょい役、端役、斬られ役です。東映に入ってから一貫して斬られ役専門です。大部屋役者ですから名前はその他大勢でズラッと紹介されるだけです。出演シーンにしても一瞬でも映ればいいほうで、死体役で背中しか映っていないこともたくさんあったそうです。

しかし、福本さんは芝居が好きで、映画が好きで、時代劇が好きで、好きな仕事だから手を抜いたことがありません。迫力と創意工夫が芝居ににじみ出ています。

そして2003年、ハリウッド映画『ラスト・サムライ』で、渡辺謙さんに仕える渋い武士の役に抜擢されました。

彼を抜擢するとは、世の中には見ている人がいるものです。彼の実績と評判を聞きつけて、プロデューサーが自ら確かめ、そして抜擢したのです。プロデューサーというのは、目利きでないとできません。

福本さんは、トム・クルーズからも尊敬され、ぜひハリウッドで映画をやろうと誘われました。その後、NHKの大河ドラマ『巧名が辻』から『探偵！ナイトスクープ』というバラエティや『徹子の部屋』にまで出演しました。

彼の仕事人生に不平不満がまったくなかったわけではありません。映画が斜陽になり、好きな時代劇が激減しました。「映画に出たい」「時代劇に出たい」という欲求不満はたしかにあったと思います。

しかし、役についての不平不満は一度もこぼしたことがないのです。なぜかといえば、仕事が好きだからです。

不平不満の源泉は二つあります。一つは、嫌いな仕事だから不平不満をこぼします。もう一つは、好きな仕事だからこそ不平不満をこぼすのです。

嫌いでも不平不満をこぼす、好きでも不平不満をこぼす。人間というのは勝手なものです。そして、どこの世界にも不平不満人間はいます。

たとえば、ある出版社の新人は入社早々、毎日、不平不満をこぼしていました。「入社面接のときに約束してもらった部門と違うんですよ。いまから異動してもらえませんか?」と上司や周囲の先輩や同僚にもこぼしまくっていました。

もちろん、入社早々ですからまともな仕事は何ひとつできません。その仕事にプライドを持ち、創意工夫をし、汗と涙を流しながら家族を養い、自己実現を図っている人間がたくさんいるのです。

そのことに思い至ることなく、自分の欲望ばかりアピールする──。仕事云々という以前に、社会人として腐っていると私は思います。

こういった不平不満をこぼす人間に対応するのは、実は簡単なことではありません。かなり微妙な問題を含んでいるからです。

たとえば、「こんな仕事は嫌だから異動してもらいたいよ」とこぼしている人が近くにいたとしましょう。このとき、へたにうなずいたら、あなたも同意した、と見なされてしまいます。「〇〇さんも同じ意見ですよ」とどこで吹聴《ふいちょう》されるかわかったものではありません。

基本的に、不平不満をこぼす人間は、自分のことしか考えていません。こういう人間は、「全体最適」を考えず、「部分最適」を優先します。つまり、会社のため、という視点がなく、自分の利益ばかりを考えているのです。

もし周囲の状況を考慮できる人材ならば不平不満は口には出さず、ぐっと飲み込んでいるはずです。それができないのですから忍耐力も弱いのです。大人になりきれていない「子ども」は、我慢できませんからすぐに不平不満をこぼします。外部の人間にはけっしていうべきことではない会社の恥部を平気で漏らしたりします。

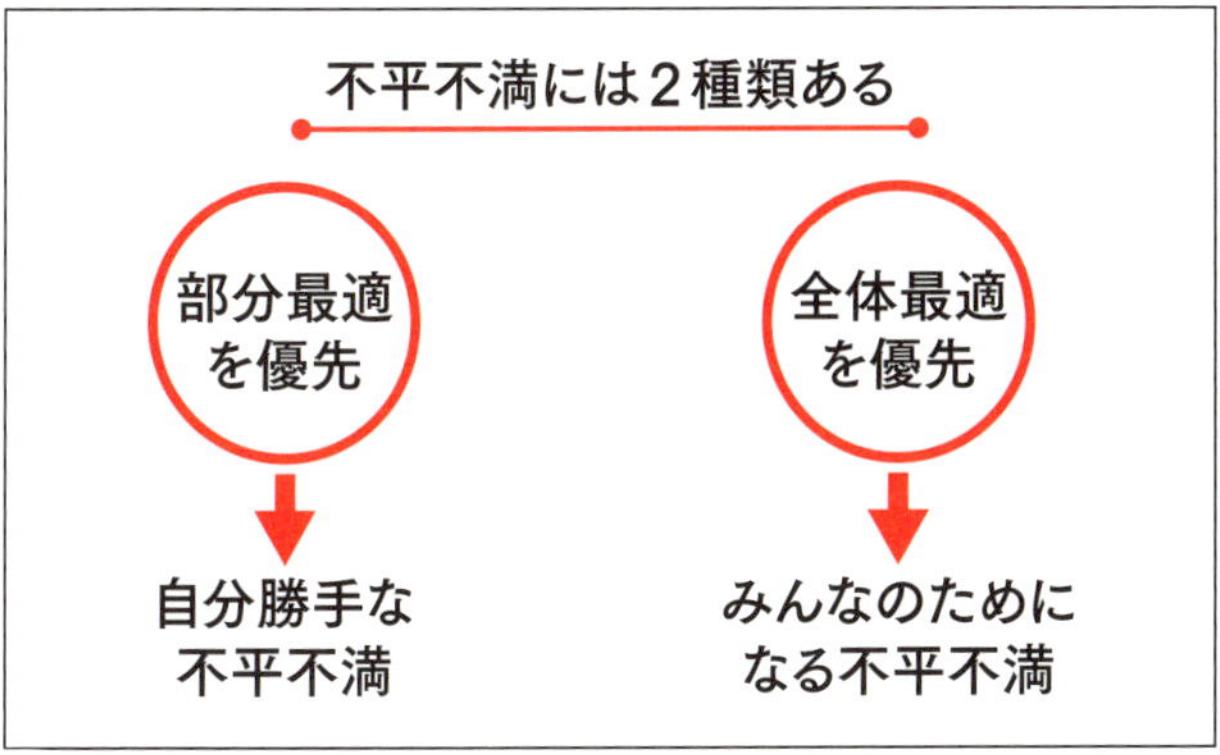

つまり、社会人としての常識がないのです。「私はそうは思わない」と反論してもいいですが、ここは大人の対応として是非を問わずに聞き流す、という行動がベストでしょう。そんな不平不満には、いっさいつきあわないことです。

好きだからこそ不平不満をこぼすケースもあります。「もっとチャンスをくれたら大暴れできるのに」「もっと上司のものわかりがよければ活躍できるのに」というように、もっと、もっと、もっと、と不平不満をこぼすわけです。

かつて、あるアメリカのＩＴ系企業が日本に進出してきた頃、この会社の日本法人にも不平不満分子がいました。

彼は、あちらこちらに寄っては不平不満をこぼしていました。すると、アメリカから来日していた1人の技師が彼にささやいたのです。

「どうせいうならglorious discontentでなければいけないよ」

と。

「栄光ある不満」とでも訳すのでしょうか。生産性のない不平不満などいくらこぼしても会社はよくならないし、本人の待遇もよくなるわけがありません。そんな**不平不満をこぼす暇があるなら、不平不満をこぼさないで済むように改善策を提案せよ――**というのです。

この一言で目からウロコが落ちます。たしかにそうなのです。不平不満を提案書としてペーパーに落とし込み、しかるべき人に判断してもらうようにしました。こうなれば、堂々と不平不満をこぼせますし、会社としても喜ぶべき不平不満になるのです。

この不平不満分子は目の色を変えて会社に提案するようになりました。数年後、この不満分子が経営トップになるのですから、人生は面白いと思います。

LIST 21

できる人は「専門家」になりすぎない

仕事ができる人、というのは、その道の専門家です。ところが、この**専門的な知識や情報、体験などが、かえってデメリットになる危険性**を心得ておかなければいけません。

とくに日本のビジネスにおいては、外国と違って現場の人材レベルがけた違いに高いために、なおさら、しかと心得ておく必要性がある、と思うのです。

世界的に知られる某家電メーカーは、かつていまでは考えられないほど労使関係が悪く、ときに争議すら発生することがありました。こんな風土ですから作業の能率がいいわけがありません。

そんなとき、ある工場長が赴任してきました。彼は中途採用ということもあったのでしょうが、まったく現場を知らず、工場内のいたるところに煌々《こうこう》とついている照明がなんのためにあるのか、わからなかったのです。

わからないから当然、質問をします。

「これ、どうしてここにつけてるの？」

「そういえば人が通らないから不要ですね」

「そう？　じゃ外そうか」

何もわからないのですから、従業員に教えてもらうしかありません。本当にわからないのですから、珍妙な質問の連続だったと思います。


彼は、現場の従業員たちとコミュニケーションを取るために、一緒に食堂で昼食をとりました。そこでも疑問に思います。

こんなに混雑しているのにいちいち食券を出したり受け取ったりしていると食べ損なうかもしれないなあ……。「食券ってどうしてあるの？」「それはやっぱり金券と同じですから」「じゃ各自が自己申告で払えばいいんじゃない？」「それはそうですけど……」。

専門性を高める“デメリット”

- 慣れ
- 自信過剰
- 慢心
- 生産性の低下

これには幹部全員が反対したそうですが、この工場長は自分の責任で導入してしまいました。結果はほとんど誤差の範囲内程度でした。

その後、この工場ではタイムレコーダーも廃止してしまいました。それまでは同僚に頼まれてタイムカードを押すといった不正が発生し、「タイムレコーダー専門の監視員を雇え！」という提案まであったのです。遅刻、早退、残業はすべて届け出制にしたところ混乱はまったくありませんでした。

また役職名では呼ばずに名前で呼ぶようにもしました。製造ラインの計画設定は上からの指示ではなくすべて現場に任せました。班、組、係ごとのミーティングを通じて、生産計画を、製品をつくる従業員が自ら決めることにしたのです。従業員は、信頼して任されると前月よりもいい製品をつくろう、という気持ちになったそうです。

理想的な工場に生まれ変わりました。成績も飛躍的に上がりました。世間でも評判になりました。しかしその後、この素人工場長も経験を積み、知識や情報量が増えていくにしたがい、「専門家」になっていきました。

すると、工場内を歩いていても、かつてと違って、「これじゃダメじゃないか！」「ここはこう直しなさい」と従業員たちに、それはこと細かく注意するようになっていったのです。

すると、不思議なことに、それにしたがって、工場の生産性がみるみる落ちていき、その後、二度と改善することはありませんでした。

どうして生産性がこんなに落ちてしまったのか？

「すべてわかってるんだ」といつの間にか傲慢になっていたからではないか――と工場長はやがて気づいたといいます。そして工場を去ることを決心したそうです。

専門性が高まれば高まるほど、そして昇進すればするほど謙虚にならないと、手痛いしっぺ返しをくらうことがあるのです。

LIST 22 できる人は「手柄」を独り占めしない

宅配ビジネスが盛んですが、私もときどきオフィスに物を届けてもらうことがあります。ある日、お釣りが少なかったので、「それ、チップだから」といってアルバイトの青年に渡したことがあります（500円足らずですが）。

すると、翌日、その店の店長（フランチャイジーだから社長でもある）からの手紙が郵便ポストに入っていたのです。「従業員にお心遣いありがとうございます」云々という短い礼文がしたためられていました。

この手紙を見たとき、私は小さな感動を覚えました。500円足らずだったけれども、あの青年は店長にきちんと報告したんだな、店長も嬉しく思ったのだろう、礼状を書かなくちゃと思って仕事が終わってから書いてポストに投函したんだな、と。

客からすればあまりにも些細《ささい》な行為です。しかし、私にはとても嬉しかったのです。人間と人間の絆というのはこんな些細なことがきっかけなのかもしれません。たかが500円、されど500円。それに感謝する、という行為には爽やかな感じがするだけでなく、チームワークがいいことが見て取れます。

さて、**仕事ができる人は「余裕」がありますから、同じ職場の人間は、すべて無条件で「仲間」だという意識があります。**同僚や部下の手柄はもちろん、先輩や上司の手柄も自分のことのように喜べます。

一方、職場の人間をことごとく「ライバル視」する人は、まわりの人の手柄を喜べません。そして自分の手柄は、いつも独り占めしようと考えます。こういう人間は、いつか必ず、ドロップアウトしていきます。

シリコンバレーとニューヨークの現地企業（日本から見れば外資企業）に勤務する友人も同じ意見でした。外資企業というと、社員は同僚の手柄も自分の手柄にし、ライバルは蹴落とし、利益はすべて独り占めする、とステレオタイプに考えていました。

彼にいわせると、

「自分の利益しか考えないヤツは100％嫌われる、そしてまわりからの協力がなくなる、結局、昇進でも損をする」

ということなのです。

あなたの部下が大きな仕事に成功したとしましょう。あなたはその人を賞賛します。そんなことが何回も続くと、周囲からの評価が高まり、あなたはポジションを奪われるのではないか、と思いがちですが、結果はそうはなりません。あなたの指導が評価されて、あなたも昇進するのです。

上司の仕事で最も大切なことは、「自分より優秀な部下を育てる」ことです。係長が課長になれるのは自分に代わる係長を新たに育てたからです。

課長が部長になれるのも同様に、いままで自分が担当していた課長の仕事を任せられる人間を育てたからに他なりません。

とくに課長より上のクラスは、個人プレーよりもチームプレーとしての成果が問われるのです。

だから、部下に嫉妬するなどはナンセンスで、部下を徹底的にフォローしてやってほしいのです。できる部下にはその意図が伝わりますし、経営トップや幹部たちもそれをわかっていて、そこのところをよく見ています。


私は、サラリーマン時代、さまざまな部門を異動した経験があり、さまざまな上司のもとで働きましたが、その中で「この人はすごい」「この人には到底かなわない」と感じる上司は、ほとんどいませんでした。

しかし、「この人のもとでなら安心して働けるな」「この人が好きだから手柄を立てさせてやりたい」と考えた人は数多くいました。それはとことん自分をフォローしてくれたからです。

もし部下を「ライバル視」して、部下が成果を上げるたびに、「あれは私が指示したんです」「私のアドバイスどおり、よくやってくれました」などといおうものなら、その瞬間、その上司には何の価値もなくなってしまいます。

できない人は——

職場の同僚 ＝ **ライバル**

できる人は——

職場の同僚 ＝ **仲間**

上司は部下を通じて仕事をするものです。

部下が成果を上げること——それは上司のメリットなのです。「部下と張り合おう」という態度ではいけません。

部下に「どうせ手柄は独り占めされる」「この人の出世に利用されたくない」「サボタージュしたほうがましだ」と思わせてしまう——。

これは部下殺しのマネジメントの典型です。

部下の利益を横取りするようでは人間性まで疑われてしまいます。いわんや、せっかく成功しそうな部下の足を引っ張るようでは話になりません。

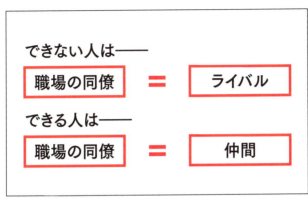

LIST 23

できる人は「なわばり根性」を持たない

「水くさい」という言葉がありますが、いまの職場環境はどうも水くさい人間関係が少なくないようです。

たとえば、同僚などにちょっと何かことづけるときでもメールを使う。「一声かければいいじゃないか、すぐそこにいるだろ?」と私なら思ってしまうのですが、「集中を妨げてはいけないと思って……」などというのですから、実に優しい人だと感心してしまいます。もちろん、皮肉です。

上司に対してならわかりますが、同僚に対してまで遠慮する人が増えてきたな、と感じられてなりません。遠慮とはどういうことかといえば、早い話が他人行儀。本音で話さない、という関係なのです。

人生はもちつもたれつ、仕事ももちつもたれつ。チームというのはそれができるようにつくられた仕組みですが、それがまったく機能していないわけです。

最近は、どうもアメリカ流の仕事のやり方が幅をきかせてきたのか、**「ジョブ・ディスクリプション」**という考え方が蔓延しているようです。これは自分の仕事の内容や範囲を明確に決めて、そこから一歩も出ない。他人の仕事には手を出さない、手を出してはいけない。当然、自分の仕事も他人から介入されない、という考え方です。

どうしてアメリカでこんなやり方が定着したかといえば、不景気のときにワーク・シェアリングが盛んになったからです。失業を減らすために、ここからここまではあなたの仕事、ここからここまでは私の仕事、お互いに縄張りを侵すことはやめましょう、と決めたのです。

しかし、これまで日本ではこのジョブ・ディスクリプションという習慣はほとんどありませんでした。忙しいときはお互いに仕事をやりくりします。「これは私の担当ではありません」などと答えようものなら、「お役所仕事で融通がきかない」「セクショナリズムもいい加減にしろ」と非難されるべきものでした。
文化の違いといってしまえばそれまでですが、私は、忙しいときは一致団結する、という日本型仕事法のほうがはるかに効率的ですし、従業員にとって、ずっと健康的だと思います。

他の人の仕事を経験すればその苦労が共感できます。お互いの仕事を体験してきたからこそ仕事の幅を広げられ、そのおかげで、3・11の大震災のあとも、何とか乗り越えることができた企業も多いはずです。
ですから、デスクをパーティションで区切ってプライベートを侵さない、というオフィスなど、生産性があるように見えて、その実、ろくな仕事をしていないだろう、と私は判断しています。

チーム力をパワーアップしたり、チームの風通しをよくしたり、仕事の進め方を改善したりするには、プライベートなど頓着する必要はありません。仕事はそもそも1

人であれこれ考えても効果はありません。みなが集まってチーム力を発揮したほうがずっと生産的です。

同僚に遠慮する必要はありません。困ったら聞けばいいのです。困ったら手伝ってもらえばいいのです。

もっと横のつながりを大事にしてほしいと思います。職場の人間は無条件に「仲間」なのです。「敵」は外にいるのです。

そして同僚というのは、やはり共感できる部分も大きいので、いざというときは強力な味方になってくれます。

職人の世界には「盗んで覚えろ」という言葉がいまでも生きていますが、ビジネスパーソンの世界でこんなことをしていたら、生産性は上がりません。わからなければ遠慮なく聞く、遠慮なく教えてもらう、という姿勢で仕事をしましょう。そうして能力を底上げしてもらわなければ、会社は困るのです。

第Ⅱ部
〈テクニック〉編

仕事の「絶対量」を確実に減らす

――22の「しないことリスト」

LIST 1

できる人は「二兎」を追わない

仕事の持ち時間を大幅に消耗してしまうケースはたくさんあります。たとえば、やるべき仕事をやり損ね、あとでもいい仕事を優先してやってしまったことなどが挙げられます。どの仕事を先にやり、どの仕事を後回しにするか、ということは、効率的な時間活用を考えたときにとても重要なことです。

優先順位を考えるとき、重要なことは「すべきこと」の列挙だけでなく、「やらないこと」と「しないこと」をリストアップすることです。

私の友人は、学生時代、アルバイトは絶対にしないと決めました。そのぶん、勉強に専念する、入学金だけは親に依存するけれども、その代わり奨学金で卒業までやりくりする、と親に相談して了解してもらいました。

また彼は、英語とパソコンの勉強はやらない。その代わり、経営とマーケティングを徹底して勉強して起業する、と決めました。30歳で起業したのですが、英語とパソコンについては、それができる人材を採用することでリカバーしています。

いまどき、英語を勉強せず、パソコンができないビジネスパーソンがいるとは驚きですけれども、これも彼流の優先順位のつけ方です。

何を優先し、何を捨てるか――。これは重要なことです。「仕事の哲学」が問われます。

もちろん、成果にもおおいに影響してきます。

前述の彼が英語を捨てたマイナスの影響も小さくないと思いますが、彼は英語がまったく話せないというわけではありません。簡単な日常会話くらいはできますし、パソコンも簡単な操作はできます。

私も35歳のときに起業しました。本業以外に執筆自由、講演自由、テレビ出演自由、収入もかなりいい、という会社を辞めて独立したのです。あのままサラリーマンを続けながら、時々、自分の本を執筆していたほうがたぶん収入的にも高値安定を続けられたはずです。同僚や上司にも恵まれていました。居心地がよすぎて困るほどの理想的な会社でした。

しかし辞めたのです。

もったいない話です。いまならどうしたかわかりません。しかし当時は、辞めて独立したほうが、もっと面白いことができるのではないか、という思いが強くあったのです。

安定から不安定の生活が始まりました。そのため、必死に仕事をしなくては、家族を路頭に迷わせてしまいます。その結果、ここまで240冊近くの自著の執筆と500冊近くの出版プロデュースをしてこざるをえなかったのです。

おかげで、たくさんの面白い人間と知り合うことができました。もしあのまま優雅なサラリーマンを続けていてもそれなりに面白い人と遭遇できたと思います。

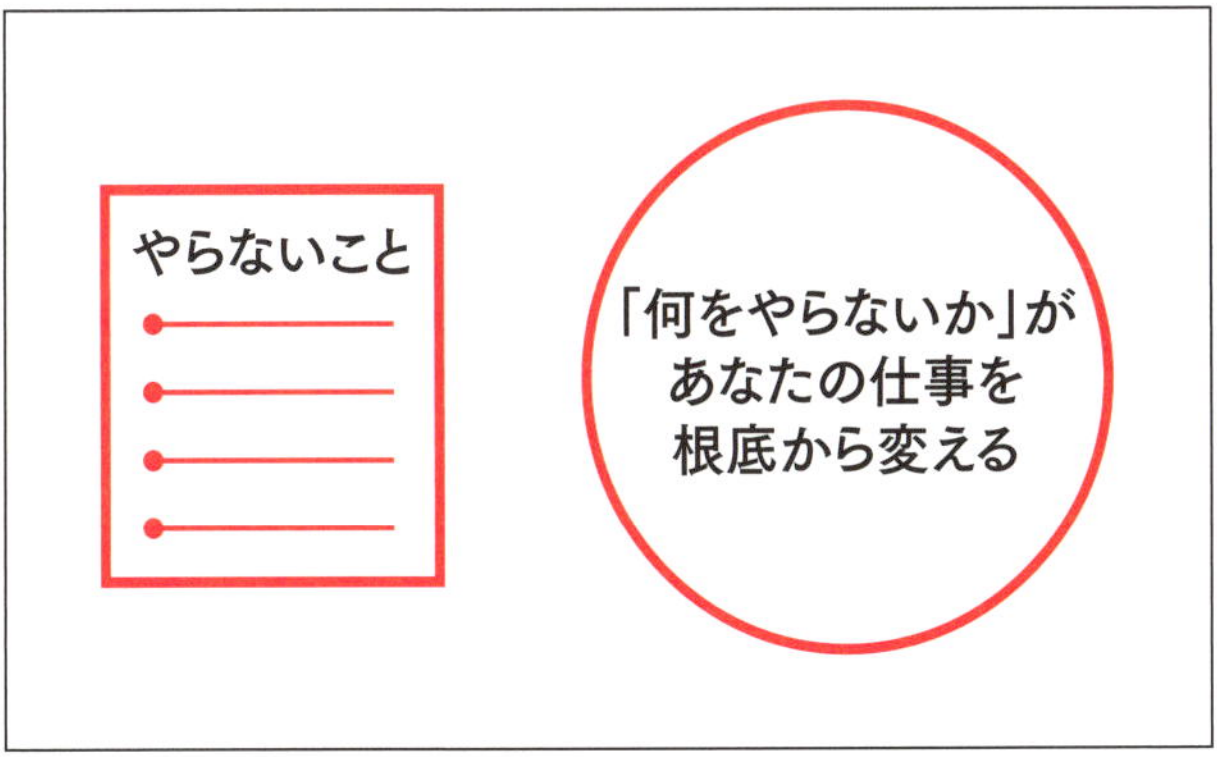

しかし高値安定の生活を捨てたからこそ出会えた人間がたくさんいます。「遊びをせんとや生まれけむ　戯れせんとや生まれけん　遊ぶ子どもの声聞けば　わが身さへこそ動《ゆる》がるれ」（梁塵秘《りょうじんひ》抄《しょう》）に歌われているとおりなのです。

仕事をするとき、優先順位をしっかりと考えることは当たり前です。

しかし、仕事の成果というモノサシだけでなく、**人生、どちらが面白くなるか、というモノサシで測ってみてもいいのではないか、**と私は思います。

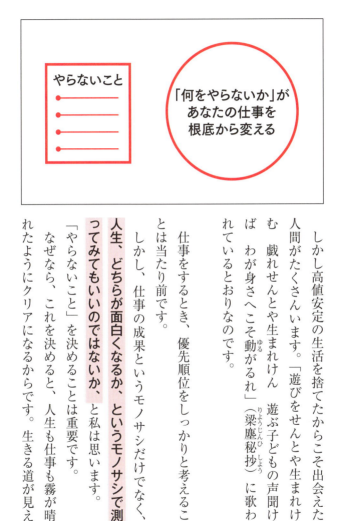

「やらないこと」を決めることは重要です。

なぜなら、これを決めると、人生も仕事も霧が晴れたようにクリアになるからです。生きる道が見え

てくるのです。「小さな悟り」といってもいいかもしれません。大げさにいっている
のではありません。
たとえば、高名なエコノミストの長谷川慶太郎さんのように、**麻雀とカラオケとゴルフをしない、と決めてしまえば、勉強する時間はたくさん取れる**のです。
同じく経済評論家の日下公人さんのように、**酒席は基本的に断ると決めれば、これまた読書三昧の生活を過ごせる**のです。こうして、彼らは自分の能力を磨きに磨いていまの地位を築いたわけです。

このように見てくると、「何をしないか」を決める、というのは、実はどういう生き方をするか、どんな人間になるか、何を武器としてこれから戦って、自分の地位や居場所を築いていくか、ということを決めることなのだ、と気づくはずです。

LIST 2

できる人は「スケジュール」を詰め込まない

仕事は、どんなにきっちり段取りを組んでも、予定どおりに進まないことのほうが多いものです。だから、仕事をするときはある程度の「遊び」が必要だ、と思います。「手帳を開くとアポがびっしり」というタイプには、「遊び」がまったくありません。仕事がいつも押せ押せになってしまい、イライラすることもあるでしょう。

もしスケジュールのどこかに1時間、いや、30分でも「遊び」があれば、「あの時間でなんとか調整しよう」と安心できます。これが「余裕」となって重要なアポをふいにしなくても済みます。

この「遊び」のことを**「バッファー」**と呼びます。「バッファー」とは、クレーム、アクシデント、トラブル、ふいの来客といった予期せぬ出来事のために発生するロスタイムを吸収する「緩衝時間」のことです。

午前中に発生したトラブルならば、ランチタイムと昼休みを返上すればうまく吸収できます。しかし、難しいのは午後のトラブル処理です。どうしても残業時間に食い込んでしまうでしょう。こんなことにならないように、常に「バッファー」を用意しておくのです。

私はいつも仕事の予定は多めにカウントするようにしています。スケジュールはすべて「1時間単位」です。たとえ20～30分で終わる仕事でも1時間用意しています。1時間を10分でも超えそうなら2時間用意します。2時間くらいになりそうだと思ったら3時間用意します。

こうすると、仕事が早く終わって残った時間は降って湧いたプレゼントです。この時間を使ってやりたいことをやればいいのです。

よくある悪いパターンは、アポが次々に入ってしまって、なし崩し的に「バッファー」が消えてしまうことです。

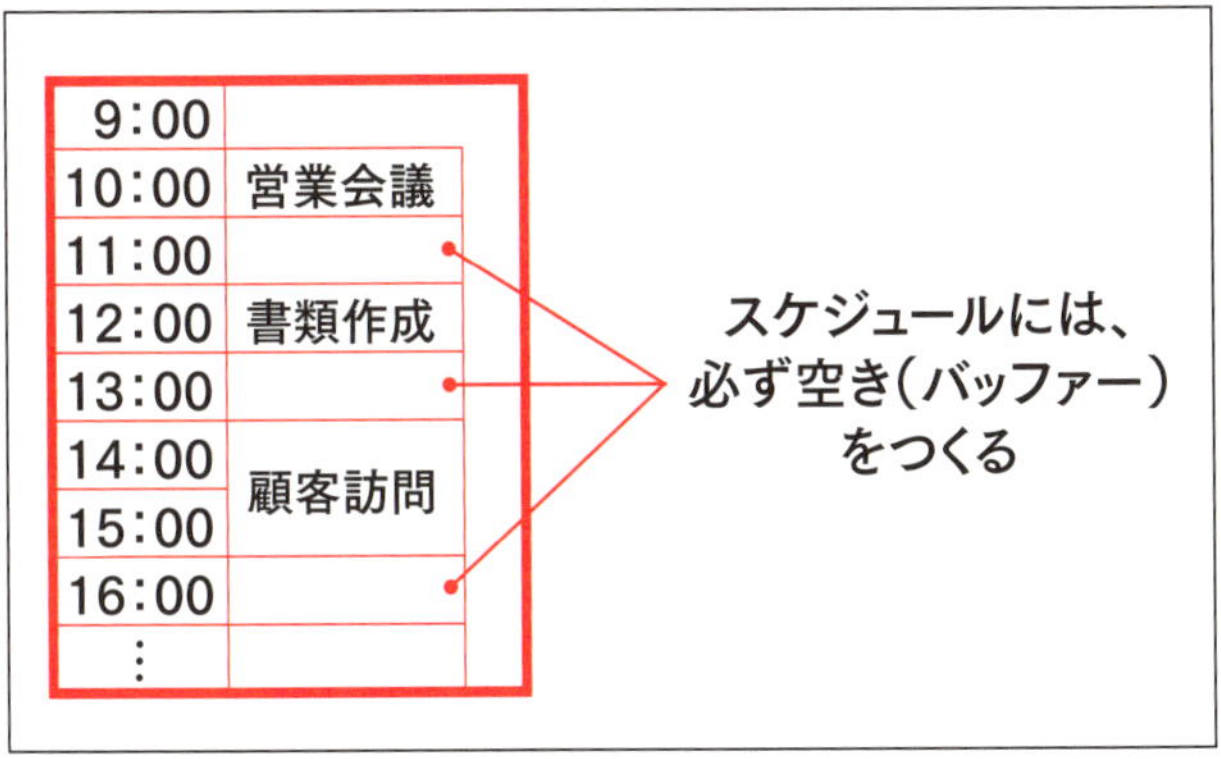

手帳を見せてもらうと、まるで売れっ子芸能人のようにアポでびっしりの人がいます。とても生産的な仕事ができるとは思えません。これは「忙しい」というより「振り回されている」にすぎません。

アメリカの文豪マーク・トウェインは、**「いい仕事をするためには1日5分でいいから考える時間を持つことだ」**と述べています。

これには私も大賛成です。

というのも、**「考える時間」とは「プランニングの時間」**なのです。仕事は、プランニングと、オペレーションでできています。まず考える。そのあとに実行する。仕事とはこの連続です。

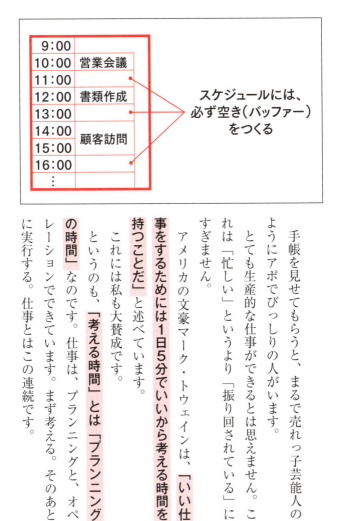

プランニングもオペレーションもどちらも大切ですが、いい設計図（プランニング）をつくらないといい建物（オペレーション）はできません。だから仕事に取りかかる前に考えることが大切なのです。

「バッファー」があれば、時々、考える時間を持てます。すると、仕事のチェックができるようになります。

このままでいいのか――。どこか修正すべきではないか――。それを考えることができる。これがいい仕事を生みます。

「分刻みの仕事」など愚の骨頂です。忙しさを自慢する人がいると、「この人は考えた仕事をしていないのだな」「丁寧な仕事ができないのかも」と私は判断しています。

手帳にスケジュールを詰め込むと、身動きが取れません。一つの仕事の遅れがドミノ倒しのように次から次へと影響して、すべての仕事をダメにしてしまいます。

そうならないようにするには、どこかの時間をすっぽり抜くしかありません。その仕事を犠牲にして空いた時間で対処する――というわけです。ところが、そういう仕事にかぎって重要だったりするわけです。

以前、法人営業マンをしていた頃、同僚がなんの幸運か、某メガ企業の経営トップにアポが取れたのです。にもかかわらず、この男は、他の中小企業の担当者に会うような意識だったのか、前日の夜までなんの準備もしていませんでした。

それを知った上司から怒鳴られて、慌てて提案書を用意したのです。「ワープロが間に合わないから手書きで丁寧に書け！」と叱られていたのを覚えています。

もし上司が何もいわなければ、口頭だけでプレゼンしていたでしょう。その口べたの男ではとてもうまくいくとは想像できません。具体的な提案書がなければ１００％失敗していたと思います。

これだけの**大物を釣り上げるには雑魚はすべて無視して、1週間くらいは大物だけに時間を集中投下すればいい**のです。

スケジュールをいつもぎっしり詰め込むような人には「勝負時」などわかりません。だからせこい仕事、せこい成果しか収められないのだ、と思います。

LIST 3

できる人は「予定」を簡単に動かさない

たとえば、営業マンが最も大切にしなければならないのは、お客です。ところが、かつて、人材を輩出することで有名な某社の、トップ営業マンであるMさんが、お客との面談を断っているのを見て、さすがだな、と感じたことを覚えています。

某社というのは実はリクルート社で、お客というのは私もよく知る京都の医療商社の総務部長Kさん。MさんとKさんは、かつて営業マン・お客の関係でした。

この総務部長Kさんが上京したのは、私が主催する勉強会に参加するためでした。私との打ち合わせ中、Kさんは、せっかく東京に来たので、ということで、Mさんを呼び出そうと電話をかけたのです。しかし、Mさんは、「あいにくいま、外出できないので」と、明快に断ったのです。

Mさんが断った理由は二つあります。

一つは、彼にはすでに部下が200人以上いて、多忙であったこと。もう一つは、Kさんはあくまでも昔の得意先であり、いまは支社（京都）のリクルートの人間がKさんの会社を担当しているということにあったと思います。

このときの、2人のやりとりをたまたま聞いていて、「私ならどうするかな?」と思いました。大事なお客なので社内の予定をずらしてでも会いたいけれども、すでに予定している営業会議とか、月次決算、日時決算の報告義務などがあれば、200人以上の部下を抱えているわけですから、やはりMさんと同じように不可能といわざるをえなかったのではないか、と思います。

突然のアポなし訪問は予定を狂わせます。ですから、**多忙なときにスケジュールを狂わせたくなければ、いかなる相手であろうと、アポなし訪問などには対応しない。これが鉄則なのです。**

あまり気づかないようですが、アポなし訪問と同じくらい予定を狂わせるものがあります。

それは電話です。**実は電話ほど図々しいものはない、**と私は考えています。なぜなら、突然、仕事に平気で割り込んでくるのです。こちらの事情などおかまいなしです。いまや携帯電話全盛時代ですから、仕事だけでなくプライベートの時間にまで土足で踏み込んできます。

仕事にどっぷり集中しているときにかぎって、「中島さん、お電話です」と声がかかります。

「誰から？」「なんの用だろう？」と出てみると、これがセールスの電話です。「少々お時間をいただけないでしょうか？　実は○○という投資商品についてご案内しています」「悪いけどいま取り込み中なんで」……。

時間にしてほんの数十秒のやりとりですが、このおかげであの集中はどこへ消えたやら、すでに雲散霧消。電話が怖いのはここにあります。オフィスにいると、こんな電話で集中力をそぎ落とされることは少なくありません。

電話が厄介なのは、いったん受話器を取って話を聞かなければ、それがどんな内容なのかわからない点でしょう。商談なのか、それとも与太話なのかさっぱりわかりません。

実は、この原稿を書いている間にもオフィスに電話がありました。間に合わずに出なかったところ、留守録もせず、今度は携帯電話にかかってきました。

この段階で、知り合いからだなとピンときたのですが、なんと、1年ほど前、私の講演会に参加したことがある人からの講演依頼だったのです。名刺交換をしたことがあるから連絡先がわかっていたのです。これはハッピーコールでした。

しかし十中八九は「おじゃま虫電話」なのです。いま仕事に集中しなければならない、という「集中タイム」のときにはそれなりの対策を講じておきましょう。

私はかつて出版社に勤務していたことがあります。出版社にはいいシステムがあるな、と感心したものがあります。

自分の時間を失わないために

- ☑ 13〜15時は電話に出ない
- ☑ 水曜日はアポを入れない
- ☑ 18時以降はメールを見ない
- ⋮

それは校正の仕事中は校正室に閉じこもり、電話はすべて遮断。絶対に取り次がないというルールがありました。「折り返しご連絡差し上げます」と自動的に対応することになっていました。

「外に対してそんな失礼なことはできない」と怒る読者がいるかもしれませんが、なにも朝から晩までそうしろといっているわけではありません。

たとえば、13～15時は電話に出ない時間（折り返し電話タイム）という時間帯にしておくのです。「予定を簡単に変更しない」「相手の都合に振り回されない」――この意識を高めて、そのための「ルール」をつくることが重要です。

そうでないと、あなたは貴重な時間をどんどん失うことになります。

LIST 4

できる人は「先送り」をしない

時間の主人になるか、それとも時間の奴隷になるか。そう聞かれれば、誰もが時間の主人なりたいに決まっています。ところが、ほとんどの人は、「時間」の奴隷になっているように見えるのです。

仕事（＝時間）に追いかけられず、逆に先取りしなければなりませんが、「けつかっちん」という言葉で表現されるとおり、お尻＝デッドラインぎりぎりまで綱渡り状態で死に物狂い。これでは、とてもじゃないけど先取りなどできるわけがありません。

なぜ時間に追いかけられることになるのかといえば、締め切りや納期までに「余裕」がないから。それに尽きます。余裕があれば、先取りする時間だって生まれるのです。**すべては余裕がないことに原因があります。**

では、余裕をつくるためにはどうすればいいのでしょうか？

締め切り、納期までの時間を多めに取ることです。たとえば、

①10日間あればなんとかなりそうだ、という仕事ならば、12日間と答えておく。

②実際に、12日間で出来上がるように仕事の段取りを組む。

③「2日の余裕分」を12日間で分ける。すると1日に1時間くらい余裕が生まれる。

④この余った1時間を利用して、第2の仕事をスタートさせる。

もちろん、この第2の仕事も20％ほど余裕を取っておきます。そして第3の仕事もスタートさせます。

仕事にトラブルはつきものです。ですが、トラブルもこの余裕さえあればこの時間を使って吸収できるのです。前にも述べたように、この余裕時間のことを「バッファー」と呼びます。「緩衝材」のようにトラブルを吸収してしまう、というわけです。

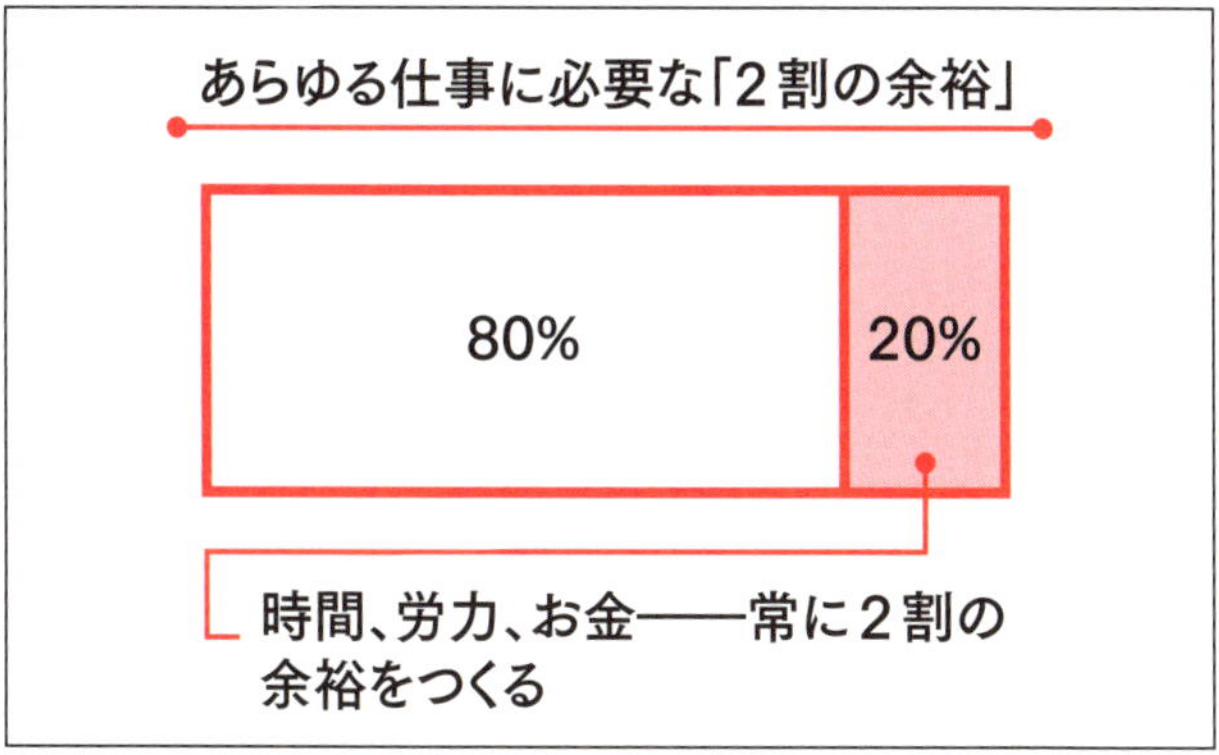
あらゆる仕事に必要な「2割の余裕」
80%
20%
時間、労力、お金――常に2割の余裕をつくる

先取りの反対語は「先送り」です。いまやらずに後回しにする。こんなことをしていたら、仕事は押せ押せになってしまい、納期に間に合わなくなるのは必至でしょう。

お客との約束で最も重要なものは納期、締め切りです。なぜならば、**対・お客の仕事は納期からスタートする**からです。あなたが納期を守らなければ、お客のスケジュールに狂いが生じるわけです。

本書にしても、発刊時期が決まっています。営業マンが全国の書店から予約注文を受け付けています。書店は納品される日を待ってどこに陳列するか、どんなＰＯＰをつくるか、担当者は仕事をスケジューリングしてアイデアを練っているのです。

そこに私が締め切りを守らなかったらどうなるか。

すべてのスケジュールに狂いが生じます。へたをすると、新聞に広告が出る頃、まだ本ができていない、という事態も考えられます。書店は予測していた売上が減ります。そのため、出版社はペナルティーを支払わなければならなくなるのです。「今月は無理だから来月に回そうか」と軽く考えたら大変なことになるのです。

納期の遅れが何回か続くと、「あの会社はまた遅れるかもしれない。予約しなくていい。現物ができてから考えよう」と先方は考えるようになります。するとどうなるか。予約がなくなってしまいます。

予約がなくなったらどうなるでしょうか？　生産量が激減してしまいます。すると、1個あたりのコストが跳ね上がります。製造原価が高騰するのに予約が取れない（＝売上減）では赤字必至です。先送りはこのくらい経営を圧迫します。

「先送り」すると、何倍もの利息付きでツケが回ってくるのです。

LIST 5 できる人は「大事なこと」を夜に決めない

「夜中に考えることは過激なものになる」

という経験則があります。

たしかにこれは、私の経験でも当てはまりそうです。精神が高ぶっているためか、それとも月の引力、満ち欠けの影響なのか、1日の仕事が終わって脳がクタクタに疲れているためなのか、あるいはそれらの複合的な要因なのか、過激＝平常とは違う判断をし、行動に走ってしまうのです。

心理学に**「黄昏時効果」**と呼ばれるものがあります。黄昏時というのは薄暗いけれども、ライトをつけるほどでもない、という中途半端な時間のことです。平安時代などはこの時間に橋を渡ると霊に取り憑かれるといわれました。そのくらい怪しげな時間、すなわち、人間が平常ではない判断や行動をしかねない「魔の刻」なのです。

心理的にも肉体的にも疲労がピークに達する時間ですから、思考力が低下したような状態になります。

ですから、この時間帯は「暗示」にかかりやすいのです。データでは、自制心がゆるみやすく、衝動買いや万引きも多くなる、という結果が出ています。あのヒトラーも、**「説得するなら夕暮れを狙え！」**といい、実際にこの時間帯に演説をよく行なっていました。

では、夜間はどうかといいますと、さらに自制心はきかなくなります。「判断力」が鈍ります。**「夜のほうが冴えている」という人がいますが、それは「冴えている」のではなく、仕事が終わってストレスから「解放されている」だけです。**

大切なことを夜に決めてはいけません。平常ではない脳みそではまともなアイデアなど生まれません。もし夜中に意思決定してしまうと、朝になって食事中に思い直して、「あれ、やっぱりやめとこう」と修正することになりかねないからです。

夜の「危険な脳」

判断力低下	自制心低下
集中力低下	気配り力低下

修正が間に合えばいいですが、たとえば海外との時間差があって、気をきかせた部下がニューヨークやロンドンにすでに指示を出していたりしたら取り返しがつきません。

メールなどもそうです。**夜中は、やはり頭も疲れているし身体も疲れていますから、こんな状況下でメールを打とうとすると、どうしても相手への気配りとか心配りがおざなりになってしまいます。**

もちろん悪意はまったくなくても、結果としてそうなってしまう危険性があるのです。いい回しや内容が厳しくなったり、逆に軽くなったり、極端になりがちなのです。

相手はその返信メールを早朝にチェックします。

「なにもここまでいわれる筋合いはないよな」「こんなに軽々しいメールを送るとは失礼じゃないか」と気分を害します。

あのメール、まずかったかもしれない。朝、もう一度チェックすればよかった……と反省しても、残念ながら後の祭りです。


一晩おけば頭もクールダウンし、自然と冷静になって大局が見えます。もっと的確な判断、指示、アドバイスができたと思います。返信メールは一晩寝かせましょう。

前夜、返信メールを書いたら「下書き」に入れておくのです。

そして朝、オフィスに出勤してから、もう一度チェックするのです。この習慣はぜひ身につけてほしいと思います。

LIST 6 できる人は「噂」に振り回されない

ビジネスパーソンの仕事は、すべて「情報」で成立しています。

営業マンならば、今朝の新聞に載っていた記事がヒントになってセールス先を開拓できることも少なくありませんし、常連の顧客から新しい情報をもらう（＝お客を紹介してもらう）というケースは昔から多いです。

トップ営業マンは、効率の悪い飛び込みセールスなどしません。ほとんどが顧客から顧客を飛び歩いているはずです。

仕事で結果を出すには、

「いい情報を集めること」

「ガセネタに振り回されないこと」

が重要なポイントです。仕事ができない人ほどガセネタをつかみ、つかむだけでなく、振り回されてしまいます。仕事ができる人ほど、いいネタをつかんで、そして結果をものにしています。

両者の違いを分析すると、こんな仮説が思い浮かぶのです。すなわち、

「情報は集める能力に関係するのではない。収集した情報を解析するスピード、信憑性がどれだけあるかを見極めるスクリーニング能力、そして正確に的確に吟味する判断力にある」

ということです。そのために重要なことは、いったん集めた情報を「どんどん捨てる」ということなのです。

どうしてそんなもったいないことをするのか。そう考える人は情報の本質を理解していません。情報というのは固定化されたものではなく、どんどん変化しているので

す。

まるで生き物です。昨日までは正しかった情報が今日からは「ガセネタ」になることも少なくありません。なぜなら状況が変わったからです。大げさな話ですが、冷戦の前後では東側と西側の関係は「180度」変わりました。

かつてライバル関係にあった金融機関が合併してしまえば、それまで集めていた情報は再構築を余儀なくされるのは当たり前です。

情報は集めることが仕事ではなく、「活かすこと＝厳選し、正しく判断すること」がより重要なのです。

ガセネタに振り回されないためにも、日本の新聞のような、記者クラブ（大本営発表の掲示板のような存在）のペーパーだけを読んでいてはいけないのです（テレビは話になりません）。

日本の新聞を読むにはコツがあります。

「どうしてこの時期にこんな情報を出したのか」

- 噂を信じず
- ガセネタに騙されず
- 正しい視点、大きな視点でものを考える

「この情報を流して得をするのは誰なのか」

に注目するのです。

絶対にしてはいけないこと。

それは、「鵜呑み」にすることです。

たとえば、田舎に行くと、「新聞に書いてあったから（正しい）」と思い込んでいる人が少なくありません。

新聞情報は必ずしも正解ではないのです。大きな政治経済の問題では操作誘導されることすら少なくありません。

東日本大震災後の原発事故報道がいかにインチキだったか、私たちはすでに学習しているではないですか。

きちんとした情報を得るにはそれなりにコストがかかります。
「これは信頼できる」という情報源を見つけて、そこから勉強することです。
この勉強はあなたの仕事にも人生にもダイレクトに役立つはずです。

噂を信じない。
ガセネタを鵜呑みにしない。
こういう人のことを、英語では**「ビッグシンカー」**といいます。
あなたもぜひ「ビッグシンカー」になりましょう。

LIST 7

できる人は「タイミング」を外さない

仕事で重要なことに「タイミング」をはかることがあります。寿司でも懐石料理でも、フレンチ、イタリアン、中華にしても、一流の料理人に「料理で大切なことは何か?」と質問すると、多くの人が「タイミングです」と答えます。そう、お客に出すべきタイミングを間違えると、料理が台無しになってしまうことがあるからです。

「旬」という言葉があります。旬とは、いま一番美味しい素材、という意味です。いま一番美味しいのですから、季節感があります。日本は四季の国ですから、どの料理屋でも主役に据えるのです。

逆に、旬が過ぎた、季節外れの料理はいきなり陳腐になってしまうのです。だから一流の料理人は常に「タイミング」をはかっています。料理だけでなく、飾り花も器のデザインも季節を読み込んでいます。お客に提供するタイミングも段取りを計算しています。

仕事でも重要なのはこの「タイミング」なのです。

「やるべきことを、やるべき人（チーム）が、やるべきとき（タイミング）に、きっちりとやる」のが鉄則です。とくに最も大切なことはやるべき「タイミング」です。タイミングがずれてしまえば、他の要素がどんなにパワフルであろうとうまくはいかないでしょう。それほどタイミングは大切なのです。

私は法人営業マンの時代が長かったのでよくわかるのですが、**セールスで最も大切なことは決裁権のある人にセールスする、ということ**です。

私は経営トップか担当役員、最悪でも部長職に直接セールスすることにしていました。従業員が1000人以上の会社をマーケットにしていたので、もちろん、アポなし訪問は困難です。

アポを取ったにもかかわらず、会議が長引いて、たとえば課長や係長クラスの社員が代わりに出てきたときには、「今日はご挨拶に参りました」と述べて具体的なセールスをしないように心がけていました。

なぜなら、キーマン以外の人にへたにセールスをして断られてしまったら、「次」がなくなるからです。

決裁権のない人を相手にセールスするようなタイミングは、営業マンとして絶対に避けなければいけません。

タイミングをきっちり計算して最大限の効果を引っ張り出すことを**「ピークマネジメント」**と私は呼んでいます。

仕事ができる人は、いい仕事をするために自分の「ピーク」をいつにもってくるか、タイミングをきっちりはかっています。

1日は24時間ありますが、人によってバイオリズムは違います。もし朝一番がベストというリズムの人なら、重要な商談はなるべく午前中に入れればいいのです。

逆に、「朝はどうもいまいちで」というタイプは午後からとか夕刻に集中させればいいのです。

自分の「コアタイム」を認識し、それを仕事に活用することは効率的です。

コアタイムとは多忙な時間帯のことではありません。「仕事のノリがいい」という時間帯のことです。

あなたにも、なぜかサクサクと仕事が進むという時間帯があるはずです。

私などは典型的な朝型人間ですが、朝は朝でも6時から9時までの3時間がとくにノリがいいようです。これは大脳生理学や脳の栄養であるブドウ糖の摂取とも関連があると思います。

ですから、この時間を最も重要な仕事に充てています。

たとえば、期待のできる出版企画は、その時間に構成案を練ったり、執筆したりするようにしていますし、重要なコンサルティングを依頼されたときは、この時間にアイデア出しをします。

一番ノリのいい時間帯に一番重要な仕事を充てる――。

タイムコスト・パフォーマンスを極大にするにはこれがキモです。

ビジネスパーソンは朝9時頃にオフィスに着いて仕事を始める、という人が多いと思います。

もしあなたがご自分のバイオリズムにまだ気づいていないならば、今後、意識してみてください。

「どういうわけか、この時間帯はいい仕事ができるな」

という感覚が必ずあるはずです。

実は、**私は20代から旧暦を意識して仕事も普段の生活も過ごしてきました。**

旧暦を意識すると、「五月蠅《うるさ》い」「五月雨《さみだれ》」というように、旧暦5月は、実はうっとうしい月で、気分がすぐれず、体調が悪くなるのが当たり前だということがわかります。事実、江戸時代以前の人はこの月には生産性のある仕事はほとんどしませんでした。

できる人は「自分の仕事のピーク」を知っている

- 仕事のノリがいい時間帯
- 集中力が増す時間帯
- いいアイデアが出やすい時間帯

その日本人のDNAに刷り込まれたリズムを理解してビジネスライフを送ると、あまり懸命に頑張らず、いまは準備、充電しておこう、といったように自然に考えられるようになります。

時間とタイミングという大きな動きを味方にするためにも、あなた自身の生体リズムをつかんでおくことが大切です。

これは本当に大切なことなのですが、ほとんどのビジネスパーソンがやっていません。

だからこそ、実行すれば、人と差をつけることができます。

LIST 8

できる人は「わかりにくい表現」をしない

「オレの文章は猿が読んでもわかるんだ」とかつて福沢諭吉は豪語したことがあります。猿に聞いたことがないので正確なところはわかりませんが、たしかに『学問のすゝめ』や『福翁自伝』は猿でも読めるほどわかりやすい文章ですし、わかりやすい内容であることは間違いありません。

ビジネスパーソンにも「わかりやすい表現」が常に求められます。なぜわかりやすい表現が大切かといえば、わかりやすくなければ、正確な情報が伝わらないからです。伝わらなければ、人を動かすことはできません。そうなると仕事の成果も思ったように上がるわけがないのです。

仕事ができる人ほど「わかりやすい表現」を駆使しています。

私は、いままで何百回、何千回と会議に参加した経験がありますが、仕事ができない人の表現ほど、曖昧で、小難しくて、何をいっているのかわかりません。仕事ができる人は、それこそ猿でもわかる表現をしています。

①できるだけ平易にする

「わかりやすい」という意味は、表現が難しくない、小さな子どもでもわかる言葉を使うということです。

もちろん、専門用語やカタカナはできるだけ使わないようにします。松下幸之助は、いつも**「それ、なんやら難しいな。もっと簡単な言葉にでけへんのか？」**といっていました。

ある外食チェーンのオーナーも、**「宣伝コピーはその場にいる一番頭の悪い社員がわかるかどうかで決めた」**というくらいです。「わかりやすい」ということはそれだけ価値があるのです。

②シンプルにする

長文よりも短文のほうがわかりやすいのは当然です。しかし、長い話を短くすることほど難しいものはありません。

ダラダラ話している相手にイライラしたことがあると思います。「もっとシンプルにいえないのかな」「もっと短くいえばいいのに」と思うのですが、よっぽど頭の中で優先順位が整理されていなければできない芸当なのです。簡にして要を心掛けましょう。

③優先順位を明確にする

聞き手に一番集中力があるのは最初の数分です。集中力が切れそうな頃に「ここからが肝心です」といっても仕切り直しはしてくれません。一番大切なことは最初にいう。これが原則です。

このことは次項でも述べますが、話す前に、「お話ししたいことが三つあります、一つ目は……、二つ目は……」といったようにナンバリングして、話す前に「道しるべ」をつくることも効果的です。

④副詞や形容詞に注意する

店長「今日はお客さんがどのくらい入った？」
店員「かなり入りました」
店長「売上は？」
店員「昨日と比べてそうとういいです」
店長「粗利は？」
店員「かなりあると思います」

このような、かなり、そうとう、少々、ものすごい、とても、ものすごく……といった「副詞」「形容詞」を使った表現は、曖昧でさっぱりわかりません。

店長「今日はお客さんがどのくらい入った？」

店員「２００人です」
店長「売上は？」
店員「40万円です」
店長「粗利は？」
店員「12万円です」

数字は、アメリカであろうが中国であろうが、1は1、2は2です。このくらいはっきりしていれば電話やメールでもわかりやすいと思います。曖昧な表現は使わない。できるだけ具体的な数字に落とし込むクセをつけましょう。

副詞と、それから形容詞もそうですが、これらはものごとを飾り立てる言葉ですから、多用すると本当の姿からどんどん離れてしまって実相がわからなくなってしまうのです。人の話を聞くとき、私はあえて副詞と形容詞を取り除こうと努力しているほどです。たとえば、次の報告をチェックしてみてください。

「わかりやすい表現」のポイント

①平易な言葉	②シンプルな伝え方
③明確な優先順位	④具体的な数字

「A社の経営者は徒手空拳から外食産業でのし上がった人物で、彼の努力で売上はここのところ、ものすごく伸びています。料理も美味しく、店もきれいで、スタッフもとても親切なので、お客さんからかなり好評のようです。年内に5店舗増やす予定で、融資を依頼してきています。有言実行の男ですから信頼できると思います」

金融機関の融資部、審査部にこんな甘い行員はいないでしょう。副詞と形容詞、修飾語、それに伝聞情報を除けば、「A社の経営者が、年内に5店舗の出店を予定しており、その資金の融資を依頼してきています」ということのみです。

これは極端なケースですが、副詞、形容詞などの修飾語は正確な情報を曖昧に仕立て上げる犯人です。

ですから、気をつけなければいけません。

なお、ここまで挙げた四つのポイントは、話すときだけでなく、書くときのポイントでもあります。

わかりやすい表現力をつけるための効果的な方法は、

「要するに？」

「一言でいうと？」

ということを常に自問自答することです。

これを突き詰めていくと、自分が伝えるべきキモが見えてくるようになります。この練習を繰り返すことで、確実に「わかりやすく伝える力」が上達するでしょう。

LIST 9 できる人は「結論」を最後にしない

前項とも関連のある話ですが、仕事ができない人は、頭の中に「式次第」を描くことが苦手なのか、あるいは話を始める前にきちんとゴールが見えていないのです。

全体像がわかれば、これは三つのポイントで話せるな、といったことがわかります。

そうなれば、

「ご報告したいことが三つあります。一つ目は……」


といったように、まず話の最初に結論を述べつつ、これから話す内容に「道しるべ」をつくることもできます。

こうすることで、聞き手は格段に理解しやすくなります。

ところで、「ご報告したいことが三つあります」といったように、これから話す内

容に数字を振って示すことを**「ナンバリング」**といいます。数字だけでなく、

「最初に、次に、最後に」といったようにポイントで示したり、

「かつては、いまは、これからは」といったように時間軸で示したり、

「日本では、米国では、中国では」といったように場所で示したりする方法もあります。

ただし、いずれにしても、ポイントは三つくらいまでに絞ることをおすすめします。人が頭の中で整理できる数には限りがあります。三つくらいであれば、相手は頭の中で整理しやすいでしょう。

さて私は、講義や講演などで質疑応答があるときには必ず、**「3分で説明しましょう」と先に宣言する**ことにしています。

狙いは2点あります。

三つに絞って伝える技術

一つ目は、二つ目は、三つ目は——	最初に、次に、最後に——
かつては、いまは、これからは——	日本では、米国では、中国では——

1点目は、全体の時間的制約がありますから、一つの質疑応答に長時間は取れません。3分くらいでこなしたい、という私からのメッセージです。

2点目は、三つの理由を3分で話しますよ、一つずつ1分間でポイントを押さえて説明しますから頭の中にきちんと入れてくださいね、という私からのお願いです。

「5分で話します」というときは、最後にもう一度、話したことを整理して繰り返すときです。たくさん質問が出そうで時間が取られるときには3分のセットにしていますが、じっくりと説明したいときは5分のセットにしています。

種明かしをすれば、頭の中に3行分の空欄（＝箇条書きスペース）がいつも置いてあって、このスペースにポンポンと一つずつキーワードやキーフレーズを当てはめるだけですから実は簡単なことなのです。

話をダラダラと始めてしまう人は、おそらく頭の中にこの空欄スペースを準備していないのでしょう。全体像とゴールを見ずに見切り発車してしまうのですから、乗客（聞き手）はどこに連れて行かれるのかわからないミステリートレインに乗せられた気持ちになるのも無理はありません。

こういった話し方から脱出するベストの方法は、いきなり結論から話し始めることです。

「結論は○○です。どうしてこの結論に至ったか、その背景（理由）を三つご説明したいと思います。まず一つ目は……」

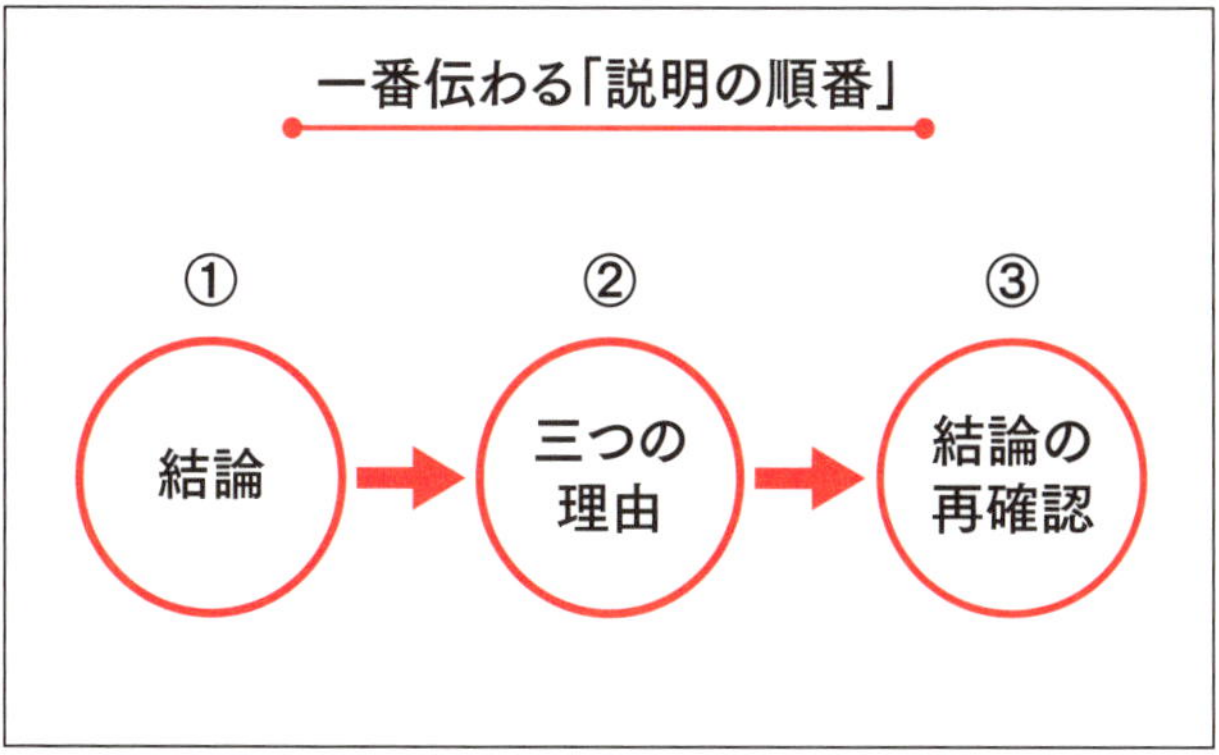

と続ければいいのです。

①結論→②三つの理由→③結論の再確認

結論を先にいうことで、説得力というよりも、わかりやすさは段違いにアップすると思います。結論を後回しにするのは裁判官が死刑判決を申し述べるときくらいです。ことにビジネスでは、まず「結論ありき」と考えてください。

上司へ何か報告をするとき、趣旨や背景から話そうとしたら、「結論からいえ」と叱られた、という若いビジネスパーソンは多いでしょう。多忙な人ほど結論から知りたいのです。

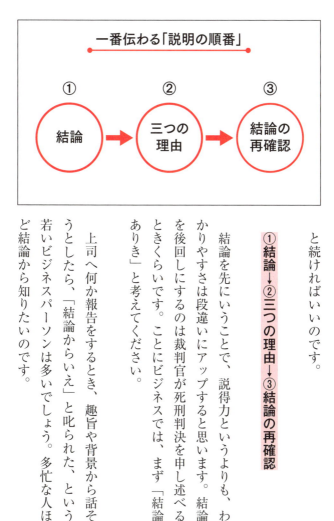

LIST 10

できる人は「いいっぱなし」にしない

この項では、**プレゼンの技術**についてお話ししたいと思います。

最近の日本のニュース番組では、冒頭に、**「ヘッドライン」**（今日報道するメニューを式次第のように並べたもの）を見せるケースが多くなりました。

ヘッドラインは「式次第」ですから、視聴者が、今日取り上げられるニュースが何かをあらかじめ知ることができる、というメリットがあります。

「あのニュースは報道しないのか」とわかれば、他の番組をチェックすればいいのです。「3番目か」とわかれば、だいたい何分後に報道されるかも、ある程度、予測がつくと思います。

この「ヘッドライン」で最初に報道されるのが、トップニュースです。昔のニュース番組などは、視聴者に最後まで番組を見てもらいたいので、最後の最後に目玉ニュースを放送したものです。

しかし、いまや、スマホでもニュースがどんどん流れる時代、たかが一つの番組のラストに放送したところで残像など残るわけがありません。

心理学に**「クライマックス効果」**というものがあります。ラストシーンに最も主張したいことを述べると深い印象を与えることができる、というものです。逆に、冒頭に最もアピールしたいことを述べることを**「アンチ・クライマックス効果」**といいます。

もし、報告やセールスなどで活用するならば、前項でも「まず結論から述べなさい」といったように、やはり、「アンチ・クライマックス効果」のほうが役に立つと思います。

しかし、プレゼンにおいては、私は、実は両方使うようにしています。**初めにいきなり結論（最もアピールしたいこと）を述べておいて、さらにラスト部分でも結論を繰り返します。**

しかも、ただ結論を繰り返すだけでなく、これまで述べてきたことを、さっと軽く振り返っておくのです。聞き手にしてみれば、「おさらい」です。

すると、たとえ15分くらいの短いプレゼンであっても、聞き手は「ああ、そんな話をしていたな」とフラッシュバック（脳裏に再び浮かんでくること）をして、「思い出した、思い出した。そうだった」とばかりに頭の中がクリアになるのです。

そうすることで、聞き手は理解度をグンと深めます。

理解度を深めると、聞き手はその情報が「好き」になるのです。好きになれば、応援してくれますから、私の提案は通りやすくなる、というわけです。

実際、私のプレゼンは歩留まりが高かったのですが、プレゼンの中身よりも話し方、進め方における「仕掛け」が功を奏していたのだと思います。

ところで、**「いいことは盗む」**。これは非難されることではありません。どんどんすべきです。私のスキルやノウハウに著作権などありません。使えるものはどんどん盗んでもらっていいのです。そしてすっかり呑み込んで、咀嚼《そしゃく》し、アレンジし、自分のものにすればいいのです。

この私のプレゼンの技術も、もともと私のオリジナルではありません。20代半ばの頃だったと思いますが、唐津一さん（パナソニックの常務取締役を経て、東海大学名誉教授）と一緒に仕事をしたことがあります。たまたま講演も聴かせていただいたのですが、帰りにタクシーに同乗させてもらったときに、「ぼくの講演はわかりやすいでしょう?」とぽつり。そしてその秘訣を教えてくれたのです。

彼は講演の途中で、次のテーマに移る前に、それまで話したことのポイントをまとめて、箇条書きするように再び話すのです。

「これと、これと、これについてお話ししました。では次は、○○というテーマについてお話しします」

と。そして講演の締めとして、最後の3分間を使って、

「今日はこんなことを話しましたね」

と、冒頭からのポイントを総まとめして披露するのです。

もちろん、聞き手は、「そうだった、そうだった。そんな話をたしかに聞いた」と頭に浮かべているはずです。それが証拠にうなずいている人がたくさんいるのです。

いずれにしても、**人間はものすごく忘却力が強い**のです。

唐津さんはそういう人間の生理がよくわかっていたのだと思います。

だから、わざわざ何回も（もちろん、ポイントのみ）、聞き手に繰り返し話をするわけです。1回でわかる人にはまったく不要でしょうが、私など2回、3回と聞かないと理解できません。とくに新しい技術や経営の話などは何度も聞いて勉強しなければ、身につくどころか記憶にすら残らないのが現実だと思います。

したがって、**意識して何度もポイントを話すべき**なのです。

これを英語で「recap」といいます。「再生タイヤ」という意味もありますが、正確には「recapitulate（要点を繰り返し述べる）」という意味です。私も講演や講義では「総まとめ」を最後にお話しするようにしています。唐津さんの方法を真似ているわけです。

人間はものすごく忘却力が強い、といいましたが、ここから導き出せる教訓として、ビジネスにおいては、

「何事も絶対にいいっぱなしにしてはいけない」
「大事なことには念には念を入れなければいけない」

ということです。

たとえば、いまはメールやSNS全盛の時代で、何か報告をするにしても、メールやSNSで行なうこともあると思いますが、送りっぱなしで、そのあとに何のフォローもしない人がいます。送った相手が、見落としてしまうこともありますし、デバイスの不具合できちんと受信できなかったかもしれません。

そうして何かトラブルが起こったときに、自分はちゃんと伝えた、といっても、それは相手ではなく自分が悪いのです。フォローの連絡を一本入れるだけのことを怠った自分が悪いのです。**「最後の詰め」が甘い人は、結果を出すことができません。**

LIST 11

できる人は「会議」を30分以上やらない

ビジネスパーソンがごっそりと時間を奪われるのは、打ち合わせ、会議、ミーティングの類だと思います。企画会議、営業会議、対策会議……といろいろありますが、こればかりは複数の人間が絡んできますから、ダブル、トリプルで時間がかさみます。

手帳を調べてみてください。驚くほどの時間をミーティングや会議で過ごしている人も少なくないでしょう。

新人でも週6~10時間は取られていると思います。しかし、コストパフォーマンスは絶望的に低いはずです。

「残業の原因は明らかに会議です。会議さえなければもっと仕事がはかどります」とこぼすビジネスパーソンは多いでしょう。

実際、ある民間企業のデータでも、
「会議の50％は無駄だ」（34％）
「70％は無駄だ」（18％）
「ほぼ100％無駄だ」（4％）
という具合です。逆に、「会議が無駄だと感じたことがない」という人はわずか6％にすぎません。

この数字を多いと感じるか、それとも少ないと感じるかは議論が分かれるでしょうが、私はいいところを突いているな、という感じがします。

どうして会議はこれほど評判が悪いのでしょうか？　それはコストパフォーマンスが悪い、ということに尽きるのではないでしょうか。何人もが雁首《がんくび》並べているのに「結局何も決まらない」ことが多いからでしょう。

つまり、**「生産的ではない」**からです。会議や打ち合わせが売上や利益を生むわけではありません。本来、こんなものに時間を費やすべきではないのです。

キヤノン電子社長の酒巻久《ひさし》さんは、すべての会議室から椅子を撤去してしまいました。すなわち**「会議は立ってやる」**と決めたのです。なんと工場や管理部門も立って仕事するようにしてしまいました。

このおかげでダラダラと時間をかけることはなくなり、生産効率はあっという間に2倍になり、いまや8倍に近づきつつあるというのですから驚きです。

「役員会議で起きているのは社長と発言者と議事録係だけ、と皮肉られますが、私の経験でもそれは真実に近いと思います。大きな声ではいえませんが、キヤノン本社の役員時代、私も自分の発言の順番が来るまではよく寝ていました。その点、立ちスタイルだと緊張感があって居眠りをしている暇はありません。へたに居眠りなどしようものなら、その場でカクッと膝から崩れ落ちてしまいますからね」

某流通企業でも、「スタンダップ会議」を導入したところ、会議時間は4分の1に激減し、利益は3倍に増えています。短時間に中身のある会議ができるからでしょう。

「会議」を変える！

- 報告だけの会議はなくす
- 「打ち合わせ」を会議室でしない
- 事前に議題を全員で共有
- 議題は１点のみ
- 時間が来たら強制終了

普通のそば屋より、立ち食いそば屋のほうが回転率は3倍も高い、というデータがあります。立ち食いそばは、ビジネスパーソンにとって、いわば戦国時代の乾し飯なのです。「エネルギー」を摂取しているのであって「食事」ではありません。だから立って食べるのです。

上のように、会議やミーティングのやり方を見直すポイントはたくさんあると思います。

いずれにせよ、**会議であろうと、ミーティングであろうと、何かを決めるのに30分以上必要なことはほとんどないでしょう。30分あれば十分です。30分もかけて決まらないことは、１日かけても絶対に決まりません。**

LIST 12

できる人は「名刺」を集めない

このテーマは、書いていて気恥ずかしくなります。

というのは、私はサラリーマンであった20代、30代半ばまで、せっせと名刺を集めることに励んでいたからです。法人営業マンの時代が長かったので、懸命にセールスして歩くと、当然、名刺が大量に集まってくるのです。これらの名刺はすべて潜在的なお客です。

いまでは、

「出会ってから1カ月以内に会わない人の名刺は捨てなさい」

などと強気なことをいっていますが、当時の私は名刺を捨てられるわけがありませんでした。

「この名刺の人からもし電話がかかってきたときに困らないように……」と結局、退職するまで名刺は1枚も捨てませんでした。

一つは、名刺＝お客という意識が強かったからでしょう。もう一つは、当時インターネットもありませんでしたから、名刺をもとにアプローチするしかなかったからです。いまなら、交換した名刺は名刺リーダーで読み取ってそのままパソコンやスマホにインプットできます。

しかし、名刺リーダーで読み取って情報をインプットする価値があるのかどうかは要検討です。

というのも、たとえ潜在的なお客であっても、まだ正式なお客ではないのです。どれだけ時間的、経費的、労力的なコストを投入すべきかよく吟味しておくことです。ましてて異業種交流会や何かのパーティーで知り合った人の名刺をすべて読み取る必要はありません。**「ほとんどの人は二度と会わない」**のです。

かつての私は、名刺を集めればそれだけで人脈が増えた、こんなに顔が広い、と錯覚していたのです。

もちろん、自分が主宰する700人あまりの勉強会（＝キーマンネットワーク）のメンバーとはお互いにいつでもやりとりできる間柄でしたが、それ以外の人は名刺を見ても顔を思い出せない人が多かったと思います。

こんな名刺を何枚集めようとなんの役にも立ちません。いつか役に立つと考えている名刺は思い切って処分するにかぎります。

というのも、**「いま」役に立たない**からです。いつか役に立つという場合、その「いつか」が来てから、もう一度連絡を取ればいいからです。いまや、情報化社会です。たいていの人の連絡先は突き止められます。とはいえ、その「いつか」が来る可能性はそうとう低いといっていいでしょう。

20代、30代の私は、毎週火曜日は「パワーランチの日」、毎週水曜日は「異業種交流会の日」などと勝手に決めて、必ず誰かにアポを取ったり、勉強会を開催したりしていました。そのおかげで人脈が増えたのであって、名刺交換をしたために増えたのではありません。

名刺交換はきっかけづくりにすぎません。そこから人間関係をどこまで深められるかはその後の行動にかかっているのです。

私は名刺交換した人と、その後もコミュニケーションできる仕組みとして勉強会を始めたのです。ユニークな特別講師をゲストにすれば、勉強する気満々の人たちがたくさん参加するだろう、と思ったのですが、そのとおりでした。

勉強会は、26歳から始めたのですが、そのおかげで一目置いてもらえるようになったと思います。いちいちアポを取らなくても、「こんな勉強会をしますよ」とＦＡＸ（当時）で一斉同報するだけで、何百人もの人が知人、友人を連れて、私（本当はゲストに）に会いに来てくれるのです。

LIST 13

できる人は「メール」に時間をかけない

オフィスの席に着いて最初にすることは、ほとんどの人がメールチェックだと思います。コーヒーを飲みながらおもむろにパソコンを立ち上げます。最近のウイルスソフトはかなり進化しているので処理速度も驚くほど速くなっています。スパムメールを瞬時に分別処理してくれます。昔のようにウイルスソフトのために起動が重たくなるような不具合もほとんど解消されました。

ところで、パソコンはドッグイヤー並みの進化度ですから、2、3年に1台は買い替えないとまともな仕事はできないと私は考えています。

仕事ができる人の特徴は少々せっかちなことです。仕事が速いから、ありとあらゆることにスピードを求めます。歩くのも速ければ食事も速い。ランチは5分。ディナーはコースでもいきなりメインディッシュが出てこないとイライラする、満足しない、という人もいるほどです。

これはあくまでも私の経験則ですが、これまで3万人以上の経営者と実際に会ってつかんだ「感性データ」では、**できる経営者は30％も情報が集まれば意思決定しているのではないか、**と思います。10％ではさすがにフライングですし、かといって50％ではちょっと遅い。他社に奪われているでしょう。

仕事ができる人は、スピード感覚に溢れています。

「打てば響く」のです。メールの返信にしても、早いのです。

「忙しいからこそ処理が早い」のです。「後でやろう」という習慣などありません。

その場で即、処理します。これが肌身に染みついているのです。

「中島さんは寝ていないんですか？　いつもメールのレスが早いですね」と驚かれることが少なくありません。深夜だろうと早朝だろうと、いつでもどこでもちゃちゃっと返信するのが習慣になっているからです。

かつて、法人営業マン（いまでも意識は営業マン）だったときからのクセで、すぐに対応しないと気が済まないのです。相手からの電話やメールはビジネスチャンスです。このチャンスをふいにしたくない、と刷り込まれているので、どうしても機敏に対処してしまうのです。一種の「職業病」かもしれません。

オフィスに着いてからいきなり仕事ができるよう、通勤時間を利用してメールをチェックしてしまうこともできます。パソコンに届いたメールをすべて自動的にスマホに転送すれば、パソコンを立ち上げることなく、スマホでちゃちゃっと返信できます。

メールチェックを通勤途中にやってしまうと、オフィスに着いたときには、即返信すべきメール、検討の上あとで返信すべきメール、チェックすればいいだけのメール、削除すべきメールがすでに分別処理できています。重要なメールだけを残して、あとはそっくり「ゴミ箱」に移動してしまえばいいのです。

たいていのメールの内容は「承知いたしました。今後ともよろしくお願いいたします――社名と担当者の名前、住所と電話番号」で済むものだと思います。

ところで、メールの返信に必要以上に時間をかけるのはもったいないので、**定番フレーズはあらかじめテンプレートにしておくことをおすすめします。**「承知しました……」の冒頭の「し」だけ打てば全文が出てくるように作成しておけばいいのです。

メールの返信は早ければ早いほどいいと思います。不思議なことに（実は心理学で明らかになっていますが）、**「重要に思っているから即レスしてくれるんだ」と相手は勝手に思い込んでくれる**のです。こういう「誤解」はあえて解かないほうがいいのです。

LIST 14

できる人は「同じ仕事」を二度しない

あまりに信じられないことなのでビックリしていることがあります。それは受信したメールをチェックしたあと、「受信トレイ」から削除して「ゴミ箱（メールフォルダの部分。デスクトップではありません）」に移さない人が少なくないのです。

まわりに聞いてみると、「わざわざどうして移すのか？」と逆に不思議がられてしまいますが、受信トレイから削除してもそのまま瞬時にゴミ箱に移るだけですから、ゴミ箱にメールは残ります。もちろん、ゴミ箱を削除すれば消去されてしまいますから、メール情報はなくなります。

受信トレイにあるメールは、ご存じのように、きちんとチェックしていれば、時間がある程度かかりますから、その間にメール部分は濃色から薄色に変わります。これがチェック済み（＝既読）というサインです。

統計(ガートナージャパン)によれば、ビジネスパーソンが1日に受け取るメールは平均61・5通だそうです。処理にかける時間が平均1・7時間。たしかにそんなものでしょう。

ところが、添付ファイルやメール関連のアプリケーション操作も含めるとトータルで4・2時間にもなるのです(有効回答498人)。なんと半日もの時間をパソコンとにらめっこしているわけです。

受信メール数が61・5通なら、トップ営業マンとなれば、その2倍、3倍は受信しているのではないでしょうか。これだけ受信すると、「未読メール」もたくさんありそうです。

未読メールあるいは同じメールを二度チェックしてしまうというロスが出るのは、受信トレイから既読メールを削除していないからです。ゴミ箱に移していないから発生するのです。

これはメールに限ったことではなく、このように二度同じことをすることは、しなくてもいい仕事を繰り返していることなので、時間の無駄になります。仕事ができる人はこんな無駄なことはしません。

世界的に知られるコンサルタント会社マッキンゼー社には、昔から、

「MECE（ミッシー）」

という独自の仕事哲学があります。

これは「Mutually Exclusive and Collectively Exhaustive」の略です。

「相互に重複なし、集合的に完全＝ダブリもなければ、逆にここが足りない、不足している、という漏れた部分もない」

という意味です。

ダブリがあると、「やらなくてもいい仕事」や「余計な工程」を一つ、二つ多くやってしまいますし、その工程が増えた分だけ時間も労力も増えてしまいますから、残業に食い込むこともあるでしょう。

工程が多い分、チェック項目も増えてしまいます。面倒なことに工程が増えるとト

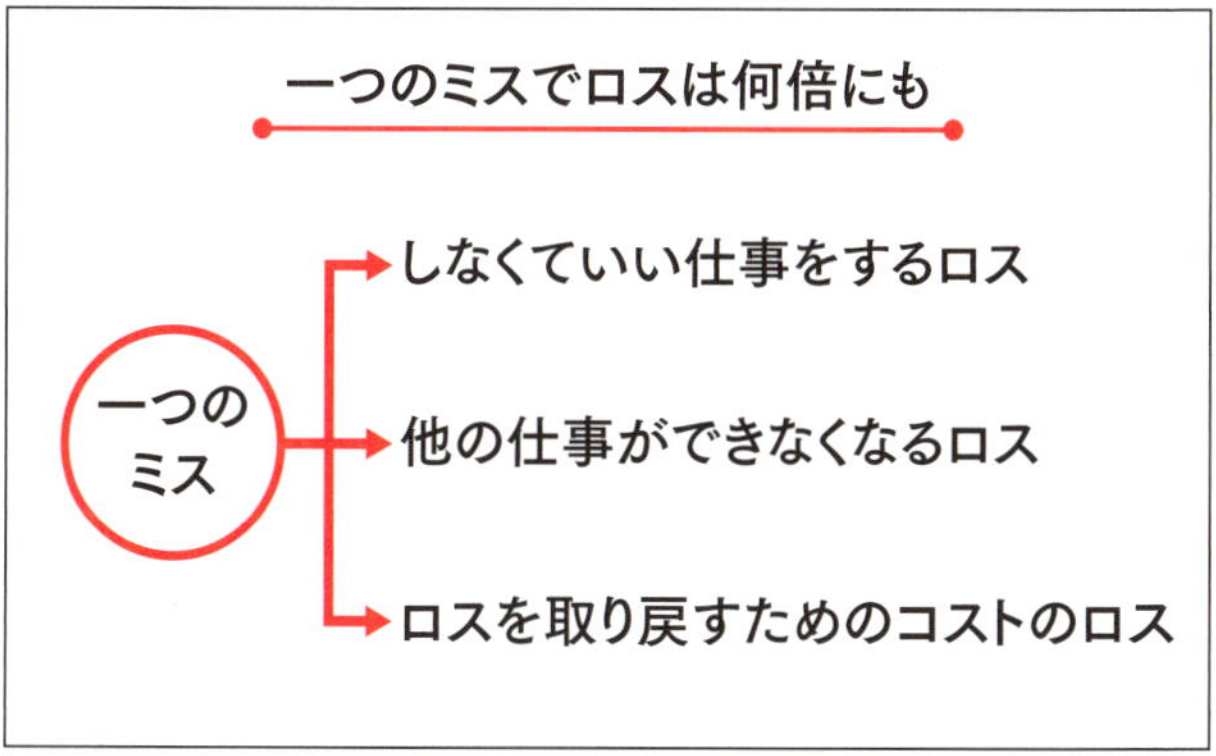

ラブルやミスが増え、ひいてはクレームの発生率も高まってしまいます。やらなくていい仕事でクレームが発生するなんて目も当てられません。

上のように、結果として二重三重のロスを発生させてしまうのですが、ダブリや漏れがどうして発生するかというと、圧倒的に組織のコミュニケーション不足にあります。

「誰がいま、どんな仕事をしているか」

それをお互いにきちんと把握していないから、「ダブリ」が起きてしまうし、きっと誰かがやっているはずだ、という自分勝手な思い込みで、「漏れ」が発生するのです。

「一声かけてくれれば防げたのに……」

そんなミスばかりです。ここまで突き止められれば、解決法はおのずと明らかになるでしょう。

すなわち、**「コミュニケーションを密にすること」、それに尽きるのです。**朝のミーティングやランチ時、終業後の赤提灯などで、抱えている仕事について胸襟を開いて話せばいいのです。

こういうチャンスが最近、激減しています。長引く不況で懐もわびしくなっているせいでしょう。おかげで、コミュニケーション不足という危機に見舞われているのかもしれません。

実は、中小企業は従業員数からいってスペース的に狭いので情報のやりとりがしやすいのですが、大企業となると社内コミュニケーションはほとんど絶望的、といってもいい状態です。

某超巨大化学メーカーでは、研究開発分野でダブリが多いことに気づき、**「社内コミュニケーター」**を発足させました。

これは、どの部門がどんな研究をしているかを調査してデータベースを作成し、その特許や技術を他社に販売するだけでなく、社内で役立てそうな部門に伝達する、という「仲介人」のような業務をしているのです。

いざ何かの仕事を始めてみると、やはり同じテーマで研究していたり、とっくに特許があるのに研究を進めていた部門や研究員が何人もいたりしたそうです。社員一人ひとりにしてみれば、けっして無駄ではないでしょうが、組織としてみれば、こんなに大きな無駄はありません。

LIST 15

できる人は「もたもた」しない

何か部下や後輩に仕事を振るとき、ポンと権限委譲をする上司もいれば、最初から終わりまで部下にこと細かく指示を出さないと気が済まない上司もいます。

ここで注意しておきたいことは、**どんな仕事であろうと現場の担当者が最も詳しい**ということです。毎日その仕事に携わっていますし、一から積み上げてきたのですから、その分野では第一人者です。

上司の役目は彼らが仕事しやすくなるように環境を整備したり、現場が気づかないことを大所高所からアドバイスしたりしてあげることです。

ところが、なかには重箱の隅をつつくことしかしていない上司もいるのです。私の顧問先にもこんな上司が何人もいます。部下は頭を抱えています。

「あの部長さえいなければ、仕事はもっとスムーズに運ぶのに……」

「幹部がダメです。トップへのいい加減なお追従しか聞きません」

こんな会社は、遅かれ早かれ潰れるでしょう。従業員たちも若手のリーダーが辞めたら一斉に退職しようと話し合っているほどです。自分が阻害要因になっていることに気づかない上司や経営者……現場から離れれば離れるほどこういう問題が浮上してくるのです。


「すべての情報をつかまえなければ正確な判断なんてできませんよ」と嘆く上司もいますが、**「すべての情報」などそもそもありえない**のです。

私もかつて、そんな上司につくづく悩まされました。まったく判断、決断をしない上司でした。どんなに提案しても判断、決断しません。一番困るのは、いいとも悪いともいわないことです。先延ばし、先送りするわけです。

結局、1年が過ぎる頃には、この人は判断、決断できない人だ、こんな人に真剣に提案するだけバカを見る、と考えるようになりました。

上司の仕事は「判断」すること。それに尽きるわけです。判断が「正しい」かどうかは二の次です。実行してみないとわからないことがあるからです。一番大切なことは判断を下すことにあるのです。

そして指示を出すことです。右に行くか、左に行くか、止まるのか、進むのか、それとも退くのか……を決めて指示することです。その指示がないのですから、部下は各自勝手にやりたい放題になるのは当然でしょう。

こういう方向性のないチームを「烏《う》合《ごう》の衆」といいます。せっかくチームを編成しているにもかかわらず、チームの力を結集も集中もできないのです。チームはあれどもチームとしてワークしていないのです。

もちろん、できた部下は指示ができない上司の代わりに、「右に進んではどうですか？」と提案しますが、何の反応もないのですから、なにをかいわんやです。すべての責任は指示をしない上司にあることはいうまでもありません。

正しい判断を下さなければならないからといって、情報ばかり集めに集め、結局、

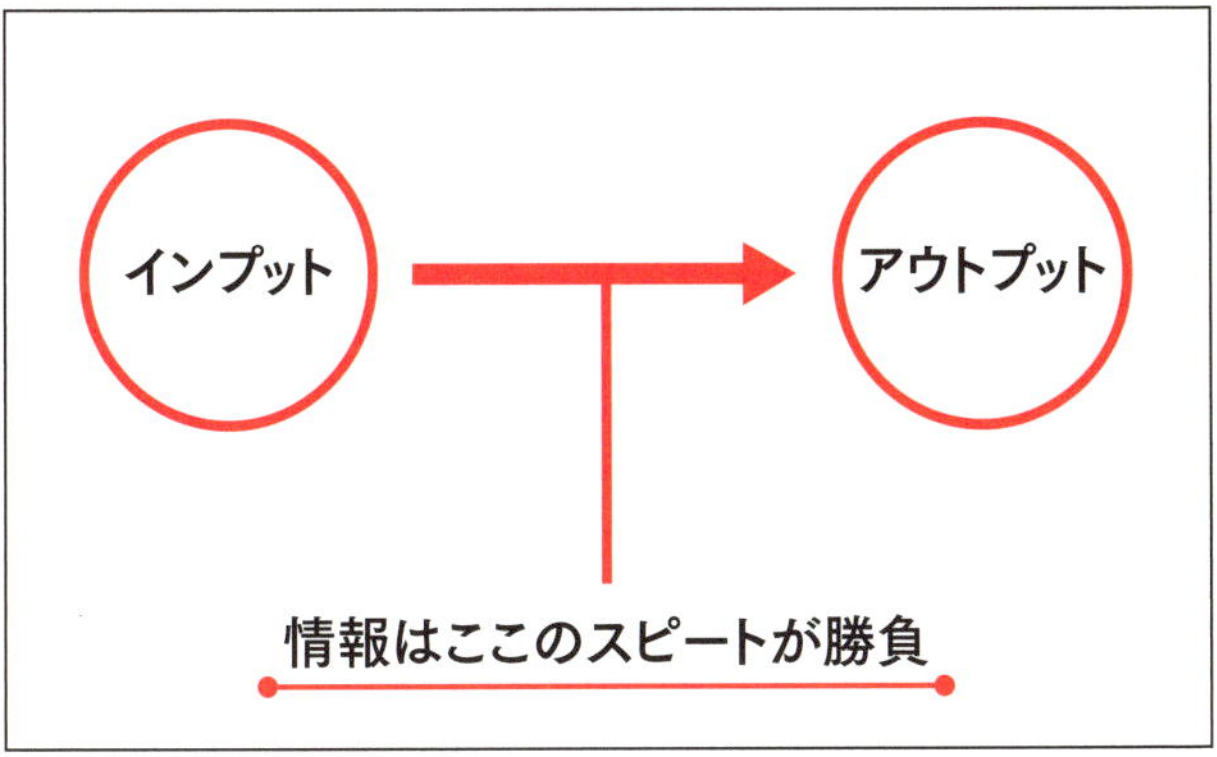

判断することを忘れてしまった、という笑い話があります。ところが、仕事の現場を見ると、あながち笑い話ではなく、こんな本末転倒は少なくありません。

判断を下すのに10の情報が必要なのでしょうか。１００の情報ならば正しく判断できるのでしょうか。それとも１０００の情報を集めなければならないのでしょうか？

あらゆる情報には、それが役立つ「賞味期限」というものがあります。それを逃すと、まったく役に立たなくなってしまうのです。

仕事で一番大切なのは「タイミング」です。数年後に実行するための情報収集や分析、判断ではありません。「いま」仕事をするために判断するのです。

LIST 16

できる人は「余計なもの」に囲まれない

仕事ができる人のデスクを見ると、二つのことに気づきます。

一つは、「いまこのデスクを買ってきたの？」と錯覚するほど整然としていて、机上にはいましている仕事に関するもの以外は何も置かれていない、という状態です。

もう一つは、机上にものが溢れていて、いったいどこで仕事をするんだろう、と疑問に思うケースです。

しかし、前者の比率が90％。後者はせいぜい10％もいればいいほうだと思います。

しかもその仕事のカテゴリーは前者がセールスやマネジメント、製造、研究開発などであるのに対して、後者は企画部門などに多く見られるようです。つまり、**仕事ができる人のほとんどはデスクには何も置いていない**のです。

では、私のデスクには何があるかといえば、私は、20代の法人営業マン時代、椅子を温めている暇もありませんでしたから、電話ひとつでした。営業に大切な名刺ケースは机の中。これはどんどん増えますからキャビネットを用意し、そこに50音順で保管しておくのです。

新規事業や編集者、イベント屋として活躍していた30代後半は、パソコン1台しかありませんでした。机の中にもほとんど何もありません。せいぜい赤ペン数本、消しゴム、定規、回転式名刺ホルダーくらいでしょう。

この回転式名刺ホルダーは、いまも使っていますが、ざっと300人分くらいしか入りません。

しかし、私の場合、それで十分なのです。この人たちとは常に一緒に仕事をしている人脈です。営業マン時代のように潜在顧客のリストではありません。すでに現在進行形で一緒に仕事をしている人たちなのです。

デスクに何も置かないメリットはたくさんあります。

①整理整頓がラク
②ものを探さないで済む
③広いスペースで仕事ができる
④「片づけてから仕事する」という手間暇がなくなる

……こうしてみると、**デスクに何も置かないことは、結局、「時間」の節約になる**のです。ときどき、まわりに書類などを積み上げて、まるで「砦《とりで》」か「要塞」のようにして、その中で仕事をしている人を見かけますが、たぶん、「社内引きこもり」のような人でしょう。

デスク上にたくさんの書類を積み上げるデメリットの中でも最悪なものは、いざ仕事をしようというとき、必要な書類が不必要な書類群の中で埋もれてしまって発見できないことです。

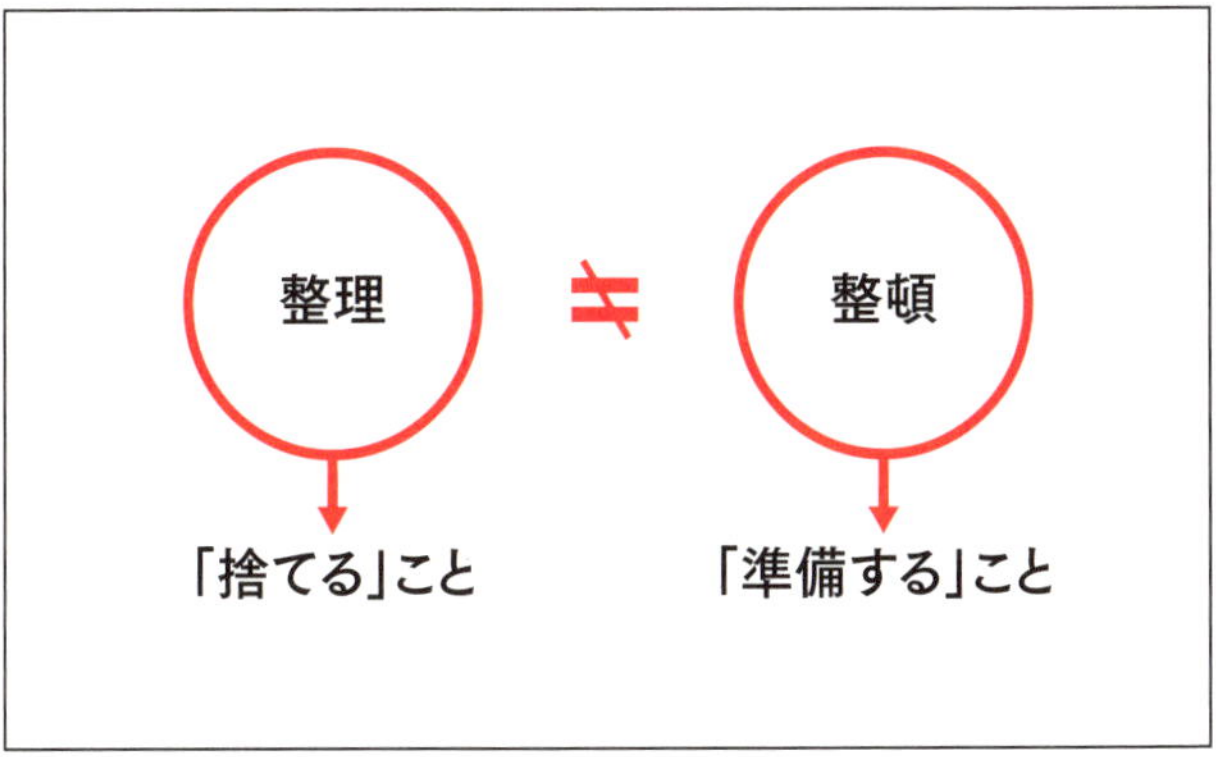

上司や得意先から書類を要求され、10分、20分、30分過ぎてもまだ見つからないとなったら、信用はガタ落ちです。ですから書類はきちんと整理整頓しておくに越したことはありません。

そもそも、**「整理」と「整頓」とは違うのです。整理とは「捨てる」ことです。廃棄してしまうことです。整頓とは「すぐに出せるように準備する」ことです。**

書類の山に埋もれずに仕事するには、**そもそも、書類を残さない**ことです。そうすれば、探す必要もなくなります。時間的にも大きく節約できるでしょう。しかし、それでは仕事になりません。そこで書類をわかりやすく整頓する必要が出てくるのです。

ファイリングには大きく分けて二つの方法があります。
一つは「アナログ整頓法」、もう一つは「デジタル整頓法」です。

まずアナログ整頓法から説明しますと、企画書や報告書、契約書など、書類の多くは基本的にＡ４サイズです。そこで**書類を整頓する道具もすべてＡ４サイズに統一してしまう**のです。ファイリングツールには透明のクリアファイルからクリアホルダー、ファイル帳、ファイルボックス、ハンギングホルダーなど、それこそ千差万別、いろいろなものがありますが、いずれもＡ４サイズで統一します。

最近のクリアファイルはカラフルですし、キャラクターをあしらったものまでありますが、透明のものにこれも統一します。デスク上に立てて置くか、デスク上にはパソコン以外は絶対に何も置かないという主義ならば、キャビネットで管理する方法もありです。

仕事を始めるとき、いま仕事で使用中の書類が入ったファイルをブックスタンドに

立てて置きます。これは毎朝、出勤時にキャビネットから移せばいいので簡単です。そして、終業時間が来たら定位置に戻せばいいのです。

すでに終了し、しばらく出番のない書類はキャビネットに保存するか、表紙と背表紙に内容を記して段ボールに入れて倉庫で管理することもできます。もちろん、一つひとつの書類ごとに「見出し」をつけておくことはいうまでもありません。

アナログ整頓法を続けている会社も少なくないとは思いますが、何かあればすべてなくなるというリスクがあることは否定できません。ならば、デジタルで整頓してサーバーにあずけてしまう、という手もありです。**今後、クラウド・コンピューティングはますます充実します。**アナログからどんどんデジタルへと移行するのがトレンドだと思います。

私の場合、かつて、全国紙4紙を読んではいちいちスクラップしたり、コピーしたりして、ファイリングボックスで管理していた時期がありました。いまから振り返ると、よくあんな面倒くさいことをしていたものだ、と呆れてしまいます。**いまなら、**

電子新聞でスクラップや記録などは記事ごとにコピペし、たとえば「Evernote」にあずけてしまえば一瞬で完了できます。

デジタル整頓法にはコストと時間の節約などメリットはたくさんありますが、最大のメリットはサーバーが一元管理してくれるので、パソコンやスマホや携帯端末があれば、誰でも、どこでも、いつでもダウンロードできる点です。こうなれば、「おまえが犯人か？　その書類が見つからなくて、みな、困っていたんだぞ！」というトラブルに見舞われることもなくなるでしょう。

そもそも書類を抱え込むことが間違っているのです。しかし、そういうクセがなかなか直らない人も、少なくありません。

ならば、**抱え込んでも支障が起きないような「仕組み」にしておけばいい**のです。

デジタル整頓法はそのための便利なツールだと思います。

LIST 17

できる人は「パソコン」を散らかさない

私は、さまざまな会社のオフィスを見せていただく機会が多くあります。

そのとき、自然と従業員のみなさんのパソコン画面が目に飛び込んでくるのですが、モニターにズラッとアイコンが並んでいるのがどうしても気になってしかたがありません。

どうしてあんなにあるんだろう?

あれで混乱しないのだろうか?

もっと整理整頓したらいいのに……。

と感じてしまうのです。

おそらく彼ら、彼女らにしても、オフィスだとかデスクの上だとか、自分の身の回りがごちゃごちゃしていたら整理整頓しなくちゃ、と思うはずです。
しかし、これがパソコンとなると物理的にスペースが狭められるわけじゃないと考えているのか、あるいはそもそも気づいていないのかの、どちらかでしょう。
彼ら、彼女らはスマホにもアプリケーションのアイコンがたくさんあるのでしょう。パソコンの画面にアイコンがズラッと置かれていることなど、べつに違和感もないのかもしれません。

私のパソコン画面には「ショートカット」と「ゴミ箱」しかありません。スカスカです。デスクトップにフォルダなど置きません。これはいま現役で動かしている3台のパソコンすべてに当てはまります。

なにしろ買い替えるたびに私が最初にする作業は、余計なアイコンを削除することです。いまオフィスにあるパソコンは1台がメイン、1台は講義、講演、出張専門のモバコン、1台は私が九州で手がけている事業の工場の部屋に備えつけています。いずれも中身の情報はすべてそっくり同じです。

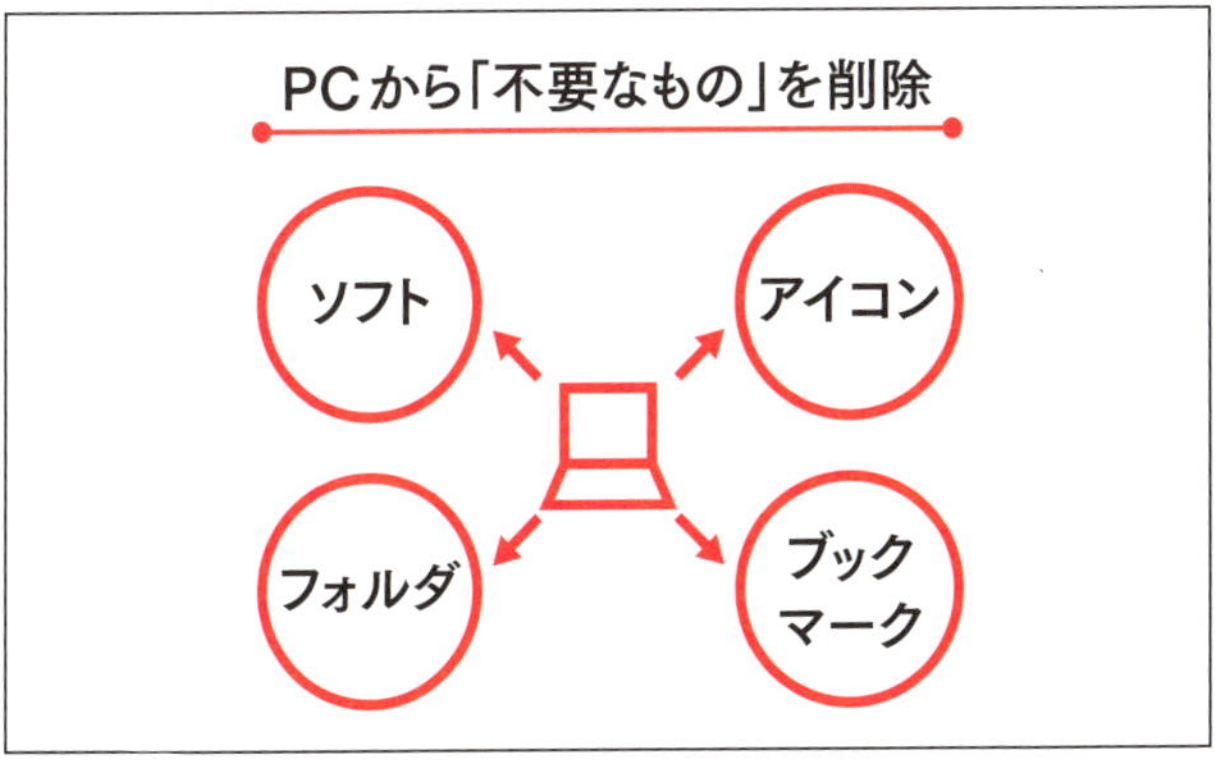

ですから、どこにいても、どのパソコンでも即、仕事の続きができるのです。送受信するメールも同じです。

アイコン左下に矢印がついているショートカットは削除したところでプログラムから消えることはありません。

したがって、目障りなアイコンは視野から消えてもらっても、必要なソフトは勝手に起動してくれます。ＤＶＤが見たければWindows Media Playerなどが動きます。ですから、Adobe Reader、Real Playerもアイコンは平気で削除してしまいます。

パソコンはスピードが命です。打てば響くような起動力がなければ話になりません。使わないソフト

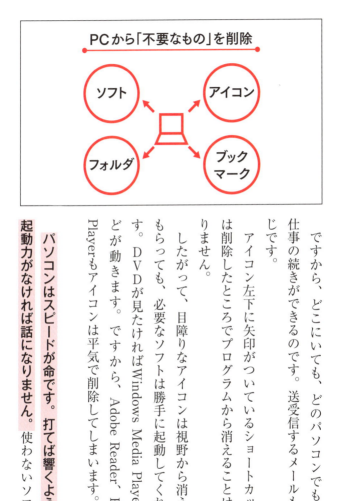

のおかげで起動は遅いわ、動きがとろいわでは、目も当てられません。デスクトップにフォルダを置くことなど、メモリに負荷をかけ、パソコンの動作を鈍らせ、データをバックアップしにくくしてしまいます。

データは、マイドキュメント、マイピクチャ、マイビデオなどに保存し、デスクトップにはせいぜい必要最低限のショートカットを置けばいいのです。

「お気に入り」をたくさん登録している人もいますが、ほとんどが使わないし、必要であれば必要なときに検索すれば済みます。

へたをすると、「お気に入り」に登録していることすら忘れているケースもあります。

あなたのPCの「お気に入り」をチェックしてみてください。おそらく8割はすぐに削除できるはずです。

あなたのPCを「ダイエット」させましょう。身軽に動けるパソコンにつくりかえなければ生産性は上がりません。

LIST 18

できる人は「最後の詰め」を怠らない

「勝ちそうになると喜び、負けそうになると悔しがる。これを直さないと強い棋士にはなれません」とは、将棋の内藤國雄九段が教えてくれた教訓です。「なるほどな」と思わず膝を打ったことを覚えています。

将棋はラストでどんでん返しのあるドラマですから、勝ちそうになったら兜の緒を締め、負けそうになっても、徳俵《とくだわら》で踏ん張る習慣をつけなければ勝負師にはなれない、ということなのでしょう。

実は、仕事もまったく同じです。

結果がはっきりしていないうちからぬか喜びしたり、ダメだと決まったわけでもないのに絶望のあまりに八つ当たりしたり、ふさぎ込んだりする人は少なくありません。

喜怒哀楽がいちいち態度に出てくるために、はたで見ていると、その様子をうかがえば、仕事の進捗状態が手に取るようにわかるほどです。

うまくいきそうだと、すぐに浮ついてミスや漏れが多くなったり、スタートでつまずくと、すぐにもうダメだと決めつけてさっさと投げてしまったりする人はたくさんいます。

あきらめが早いというか、潔いというか、粘ればいくらでも持ち直せるのに、それをしない。ライバルが自滅するかもしれないのに、先に捨てゲームにしてしまう。最後までやってみなければ結果はわからないのです。

最後の最後まであきらめない。結果が出るまでベストを尽くす。というのも、仕事というものは9割までは誰でも到達できるのです。そこから先の1割が勝負の分かれ目なのです。最後の1割をどうやり切るか。最後の最後に「とどめを刺す仕事」をしなければいけません。

仕事は、参加することに意義があるのではありません。最後までコンペに残らなければまるっきり赤字になってしまうのです。

広告代理店など、最後まで残らなければ、人件費、交通費、接待費は持ち出しです。なにより、それまで投資した全員の時間は取り返しがつきません。これらがすべてパーになってしまうのです。だから、仕事には執念が必要なのです。

最後の詰めで一番重要なものはなんでしょうか？　たとえば、「代金回収」があります。代金を支払ってもらってようやく仕事は完了するからです。

私自身、大手、地方を問わず、新聞に広告を何回か出稿したことがありますが、感心したことがいくつかありました。その中でも一番感心したことは、請求書をＦＡＸで前もって送ってくるのです（後日、郵送で届く）。

文書には「代金入金日」を記入して返信しなければならなくなっているのです。あるとき、予定日の18時以降にＡＴＭから振り込んだことがあるのですが、翌朝、「入金がされていませんが……」という電話が担当者からかかってきたのには驚きました。

私はかつて法人営業マンをしていましたが、請求後3カ月を過ぎても入金がないと「未収入金先一覧」が経理部から届き、私たち営業マンはせっせと督促していたのです。

しかし翌朝に即、督促されるとは驚きました。仕事の最後の最後の詰めを怠らないことに感心してしまいました。

なかには某出版社のように、印税の振込日を明記しているのにもかかわらず、平気で10日後に振り込んできたケースもあります。これは経理のミスです。他の著者と混同してしまったのです。

編集者は平謝りですが、残念ながら、こういういい加減な会社とは仕事をしたくないので、それ以降、この会社とは仕事をしていません。お人好しの私ですらそうなのですから、仕事に厳しい人なら詰めの甘い仕事は我慢ならないでしょう。**だから、「最後の詰め」が重要なのです。**

LIST 19

できる人は「マニュアル」をバカにしない

仕事力を短時間である程度のレベルにまで底上げする教科書――それが「マニュアル」です。マニュアル教育は、あらゆるレベルの人材を合格の最低ラインまで引き上げるには効果絶大だと私は考えています。

もちろん、もっとレベルの高い仕事をするためには、マニュアルを超えなければできません。でないと、「ハンバーガー30個」の注文に、「こちらでお召し上がりですか?」といって不気味なスマイルを返す店員になってしまいます。

「正しい仕事」をするためには、まずはマニュアルに書いてあることを正確にこなすことが重要なのです。最低限のマニュアルしかなく、あとは各自の裁量で動け、という指導ほどいい加減なものはありません。接客などの店頭業務や製造などのバックヤード仕事にしても、基本的な業務の内容や段取りはすべてマニュアル化されていなければいけないのです。

マニュアルを徹底的に叩き込んでから「現場」に出る、という工程は当たり前です。自動車教習所でもテキストをポンと渡されて、「じゃ、明日から路上教習するから」とはいわれないはずです。仮免レベルになるまでは施設内で講義を受け、実際に車を運転するという実地教習を受けるのです。


マニュアルは正確に覚える。

徹底的に頭と体に叩き込む。

これが基本です。

ただし、現場では例外事項がたくさん出てきます。**80%はマニュアルで対処できますが、20%はアドリブで対応するしかありません。**アドリブが得意な人と不得意な人がいます。「教えてもらっていないのでわかりません」「まだやったことがないのでできません」と平気でいう人が少なくありません。

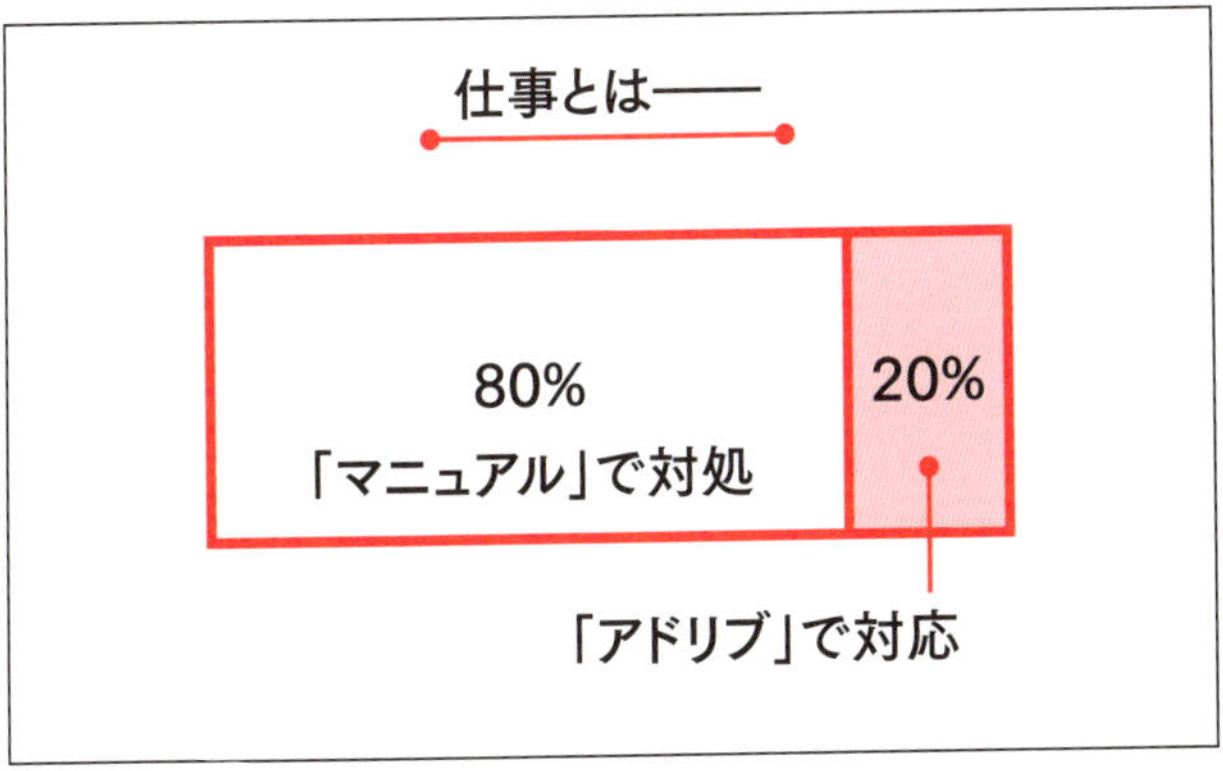

これをマニュアル世代と批判しますが、アドリブが不得意な人を「融通がきかない」「想像力が足りない」と非難するのは間違っています。そもそもマニュアルには、例外事項はほとんど載っていないのです。

融通がきかない人には、一つひとつ指示を出してやらないと仕事になりません。部下が自分の頭で考えられなければ、上司が指導するしかありません。例外事項を少しずつ勉強することによって、いずれ臨機応変に対処できるようになるのです。

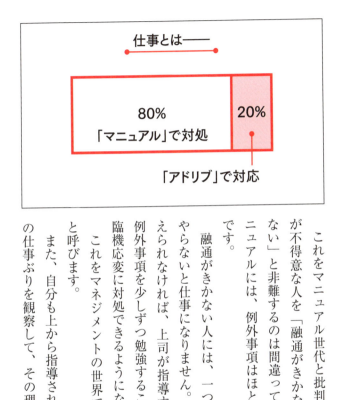

これをマネジメントの世界では「熟練労働時間」と呼びます。

また、自分も上から指導されるだけでなく、先輩の仕事ぶりを観察して、その理屈を類推し、自分でもやってみる――。

こんなことを何回も繰り返していると、いままでやったことのない仕事でも、「これとこれとを組み合わせたらできるな」という「イメージ」が湧いてくるようになるのです。これを「想像力」といいます。

仕事ができる人はこの想像力が豊かです。だから、アドリブ力があるのです。

マニュアルの弊害が叫ばれて久しいですが、私はマニュアルほど効率のいいものはないと考えています。昨日まで右も左もわからなかった人をほんの数時間であっという間に標準レベルに変身させるのはマニュアルの賜物です。

ただしマニュアルはあくまでも最低合格ラインですから、その他大勢から抜け出すには、プラスαの付加価値が必要であることは、どんな仕事でも同様です。

このとき、大切なことは、仕事ができる人のやり方をよく観察してそっくり真似てしまうことです。「勇将の下に弱卒なし」といいます。優秀な上司の下に優秀な部下が育つのは、マニュアルを超えたお手本をしょっちゅう見て勉強できるからです。

LIST 20

できる人は「雑用」に振り回されない

「仕事に雑用はない。雑にやった仕事が雑用になる」

という言葉がありますが、たしかに、そのとおりです。

仕事はすべて仕事です。ただし、仕事の中にも濃淡もあれば軽重もあります。いますぐやらなければならない仕事もあれば、暇になってからやればいい仕事も現実的にあります。優先順位でランキングすれば最下位という仕事もあるでしょう。これを「雑用」というのだと思います。

雑用は目立ちません。スポットライトを浴びません。陽が当たらない仕事です。はっきりいってつまらない仕事です。誰もやりたがらない仕事です。しかし、そんな仕事でも自分なりに創意工夫して臨む人がいるのもたしかです。

目立たず、スポットライトを浴びず、陽が当たらない「雑用」だからこそ、創意工夫という付加価値がつくとかえって目立つのです。ここを忘れてはいけません。

夏真っ盛り、某商社に伺ったところ、部屋に通されると、最初に冷水を出されたことがあります。その冷水にはレモンが一切れ入っていました。

これには感動しました。美味しかったからではありません。レモン一切れという手間をかけたことに「気持ち」が込められている、と感じたからです。その後、今度は温かいお茶のサービスです。

あとで担当者に聞くと、夏は冷水とお茶、冬は温かいお茶とコーヒーをサービスする、というのは接遇マニュアルにあるそうです。しかし、レモン一切れというサービスはその人（受付の若い女性）の機転だろう、というのです。

雑用のこなし方にはベテランも新人も関係ありません。ベテランだから工夫しているとはいえません。新人でも手を抜かない人はいるのです。この人の育ちの良さ、親御さんの教育レベルが思わず透けて見えた瞬間です。

たかが雑用、されど雑用です。誰しも陽の当たる仕事をやりたいはずです。大きな仕事、カッコいい仕事、おいしい仕事にありつきたい、と考えるでしょう。しかし、どの会社にも先輩や上司が何人もいるのです。彼らを飛び越えてそんな仕事をいきなりさせてもらえるわけがありません。

若い人は、どれだけ雑用を正確にこなせるのか、雑用に創意工夫ができるのか、雑用に気持ちを込められるのか、試されているのです。確実に見られています。

以前、私が勤務していた会社の経営トップは、電器メーカーから出版社に転籍早々の30代の頃、お歳暮に贈るみかんの仕分けを一日中していたそうです。

この年になっていきなり与えられた仕事がこれか……と腐りそうになったそうですが、考えてみれば、届け物を開けたときに腐ったみかんがあったら効果半減どころか信用失墜です。贈らないほうがよかった、という結果にもなりかねません。

先にも述べたように、仕事には詰めが必要です。とどめを刺すことが必須です。始め良ければ終わり良し、ではありません。**終わり良ければすべて良し、これが仕事のキモです。**

最後の最後に手を抜いたおかげで、「九仞《きゅうじん》の功《こう》を一簣《いっき》に虧《か》く」ということにもなりかねません。ということは、この雑用は一番大切な工程なのではないか、と気づいたというのです。

雑用と思えばたしかに雑用以外の何ものでもありません。しかし、いい加減にやっていい雑用はありません。

ここに気づくかどうか——。

彼は気づいたからこそ経営トップになれたのでしょう。気づかず腐っていたらどうなっていたか。小さな仕事をきちんとできないヤツが大きな仕事などできるわけがありません。その他大勢で終わっていたでしょう。

LIST 21 できる人は単なる「謝罪」で終わらせない

「クレーム処理」という言葉が、セールスの世界では当たり前のように使われていますが、お客にしてみれば、「処理」という意識で対応されてはたまりません。処理ではなく、これは「新しい仕事」なのです。

どんなにみごとにクレームを処理したところで、お客からすれば、マイナスが原点（＝ゼロ）に戻っただけのことです。「プラスに転じなければ仕事ではない」と優秀な営業マンほどわかっています。最後にはお客にご機嫌になってもらわなければいけないのです。

お客「納期に間に合わない？ 工場は部品を待ってるんだよ！ 製品ができなかったらどうしてくれるんだ！」

営業マン「申し訳ございません。何卒ご容赦ください」
お客「申し訳ございません、で許してもらえるほど仕事は甘くないんだよ！」

たしかにそのとおりです。「謝罪」ほど簡単な解決法はありません。ここは営業マンの立場ではなく、お客の立場で考えてみるべきです。お客にとって大切なこととは、いったいなんなのでしょうか？

①部品を納期に間に合わせること。
②どこかから代替部品を見つけてくること。
③納期に間に合う部品メーカーを紹介すること。
④部品を最短で納入すること。
⑤ペナルティーを科すこと。

納期に間に合わないのであれば、②以下の項目がポイントになります。

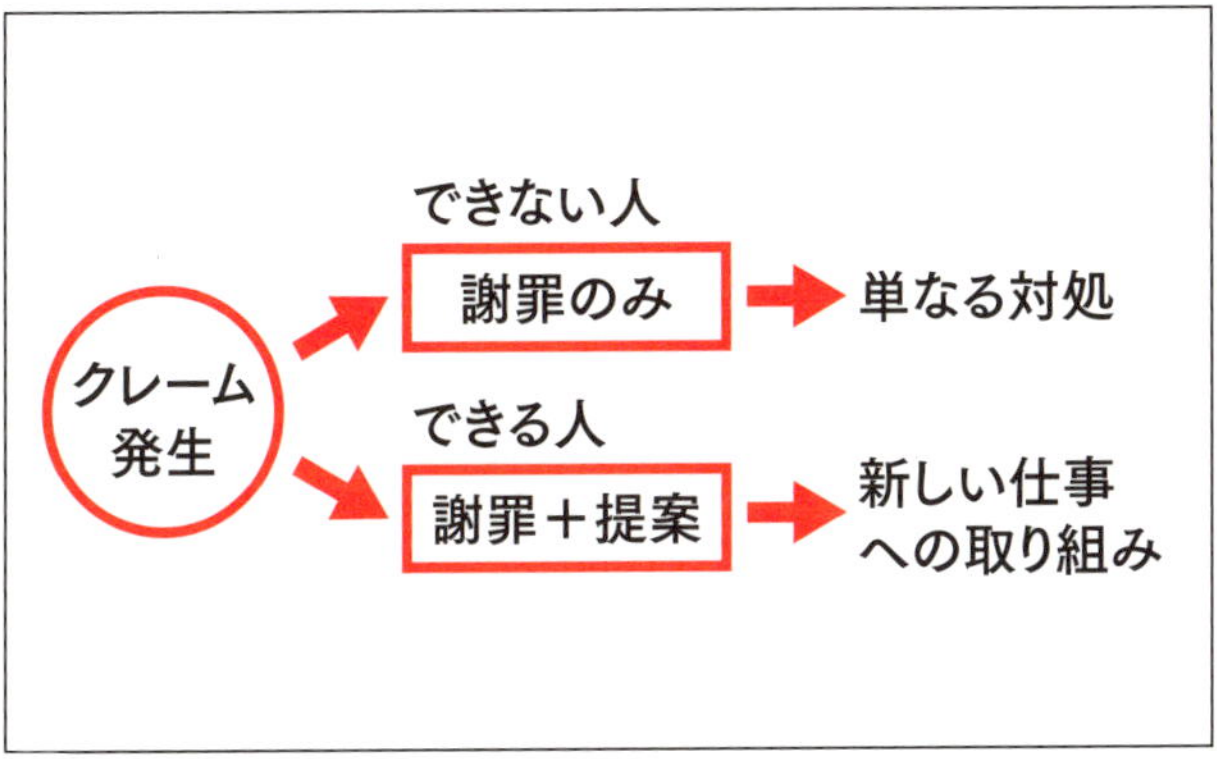

営業マン「地震で部品工場が壊れてしまって、在庫も使い物になりません。他の部品メーカーを紹介させていただきます。ただ先方も、徹夜の突貫仕事でも5日は欲しい、ということです。特別料金を払うと交渉してもやっぱり最短で5日はかかるそうです」

お客「そこまでやってくれたのか。本当に5日あれば大丈夫なのか？」

営業マン「5日あればなんとか」

お客「ペナルティーもわかっているか？」

営業マン「はい、上司も了解しています」

お客「わかった。では、頼むよ。ありがとう。助かった」

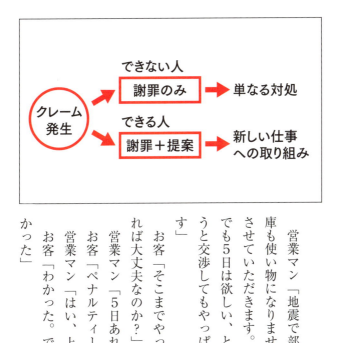

大切なことは、「間に合わない」という理由を理路整然と説明することではありません。そんな情報を聞いたところでお客にメリットはないからです。

ポイントはお客に「納得」してもらうことです。

「ここまでやってくれたんだ」と思わせる誠意がものをいいます。

無理なものは無理なのです。ですが、その無理にどれだけ誠実に取り組んだか、見ていればわかるものです。

仕事というのは理屈では動きません。最後の最後、理ではなく情が突破力になることが少なくないのです。

情というよりも、仕事の価値観、人間関係の価値観が突破力なのです。

LIST 22

できる人は仕事を「複雑」にしない

仕事ができる人は、ものごとを「複雑」にしません。できるだけ「シンプル」に考え、発想し、そして行動します。

なぜ、仕事をシンプルにするかというと、「キモ」を外さないためです。仕事のキモというのは、シンプルにすればするほど、よく見えてくるのです。

では、どうすればシンプルにできるかといえば、簡単な話です。

①情報の中から「雑音」を取り除くこと。

②「これが一番重要だ」というものをピックアップすること。

この二つです。

私の友人のケースを例に具体的にお話ししましょう。

彼は大手商社に勤務する課長職です。

商社といえば海外プロジェクト、といわれるほど、いま世界中でビジネスを展開しています。ＯＤＡだけでなく、国レベルから民間レベルのプロジェクトまでたくさんあります。

ところが残念ながら、日本の商社、ゼネコン、下請け、メーカーなどの中で、海外プロジェクトで儲けているケースはかなり少ないのです。実は、儲けていないどころか、大赤字というところが大半なのです。

なぜ儲からないのかといえば、売上よりも経費のほうが大きいからです。当たり前のことです。

では、どうしてそんなことをするのかというと、たとえ儲からなくても仕事が欲しいからです。

つまり、自分で勝手に赤字を増やしているわけです。

二国間（日本も入れれば三国間）にまたがる海外プロジェクトでは、いつものように入札があります。おもに吟味されるのは資金、技術、納期の条件です。これが折り合えば、仕事を勝ち取れるわけです。

幸い、A社はこのプロジェクトを主幹事となって手がけることになりました。総額5000億円もの巨大ビジネスです（うち、その会社が単体であげられる売上は70億円。他の大きな売上は浚渫《しゅんせつ》や土木などを外注して発生するものでした）。

ところが契約書を見て役員（副社長）が驚きました。

「儲からん仕事をしてどうする！　やめてしまえ」

と叱責されてしまったのです。

「副社長、大丈夫です。最終的には儲かりますからぜひやらせてください！」

海外ビジネスで一番ものをいうのは「契約書」です。すべてはここから発生し、ここで完了します。大型プロジェクトでも小さな取引でもこの紙切れですべては決まるのです。

では、何百枚にもなろうかという契約書でも、お互いに一番留意するのはなんでしょうか。それは納期です。いつ終わるか、いつ完成するか、いつ達成するか、というゴールです。

これが最重要なのです。

儲かるかどうか、という以前に納期が一番ものをいうのです。なぜならば、納期が遅れると契約違反として違約金が発生するからです。5000億円のプロジェクトならば1日5億円は取られるはずです。


現実はどうかといいますと、当初の取り決めよりも、フランスとのプロジェクトならば2倍、イタリアなら3倍は時間がかかる、というのが相場です。スト、仕事の能率性、生産性、やる気なども加味しますと、遅れることはあっても早まることはありません。

これは当の外国人も認め、あきらめていることです。異論はあるかもしれませんが、あくまでも経験則だからしかたがありません。

ここが目のつけどころなのです。契約書に付帯条件として、儲かる項目をたくさん入れてしまえばいいのです。

注目するのは納期です。納期が一番重要なのです。納期さえ守れば膨大な違約金を払わなくて済むのです。

ならば、その違約金の数％でもいいから頂戴しようと考えてもいいではありませんか。

これだけ納期を早めたら、このくらいのインセンティブが発生します、という契約書を書けばいいのです。ゴールに到達するまでに10分の1ずつ「マイルストーン」を設定しておいて、前倒しで達成するたびにインセンティブがもらえるようにしてもいいでしょう。

こんな簡単なことがいままで契約書に盛られなかった理由は、いつも遅れるから記入するだけ無駄、と誰もが思っていたからです。

儲けるポイントはまだあります。工事をすると機械が壊れます。壊れると納期がその分遅くなりますから、壊れる前に途中で交換します。このほうが仕事は早く進むからです。

そこで、たとえば20日間過ぎたら交換するという契約を、時間ではなく、工事の進み具合、たとえば1キロメートル進んだら交換する、という距離数に変更してもいいではありませんか。交渉の余地はあります。

こういったインセンティブの導入——時間（20日間）から距離（1キロメートル）への変更など、実は相手にとってはどうでもいいほど優先順位が低いのです。

なぜか？

何度もいいますが、納期が一番重要だからです。

納期というキモにこだわれば儲かる仕事ができるのです。ということは、納期よりも前倒しで完成したら、そのぶんボーナスを増やしてほしい、という付帯条項も大ありです。

結果はどうなったか。

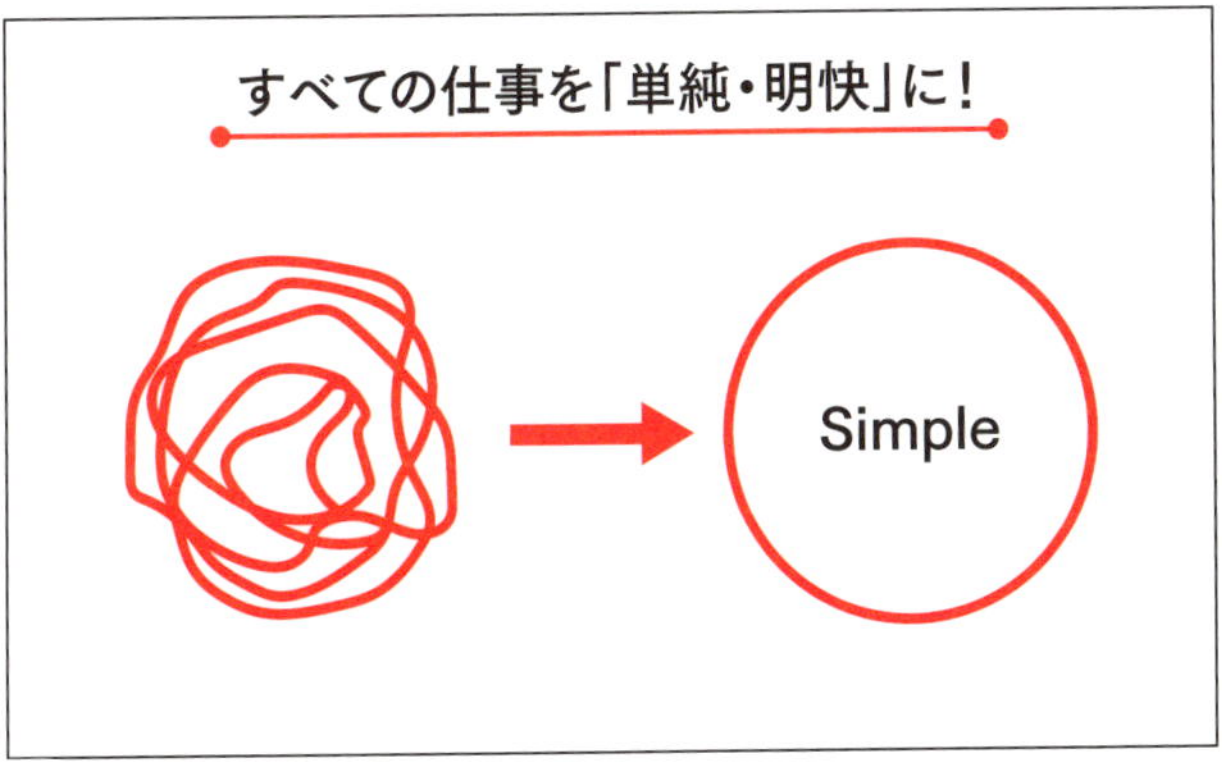

納期の半年前に完成させてしまいました。外国人は残業とか休日出勤を嫌がりますが、交代制にするなどして連続して作業をしてもらったおかげです。

もともとの売上予測は70億円でしたが、インセンティブとボーナス、機械の取り替えなどでさらに売上が上乗せされてトータル１４０億円。

うち半分はほとんど純利益という大儲けです。「契約書の作り方」次第で、実はいくらでも儲けられるのです。

額に汗して働くことは大事です。しかし、仕事のキモを見抜き、脳みそに汗をかくことも大切なのです。

仕事のキモを見抜くには、仕事をシンプル化する

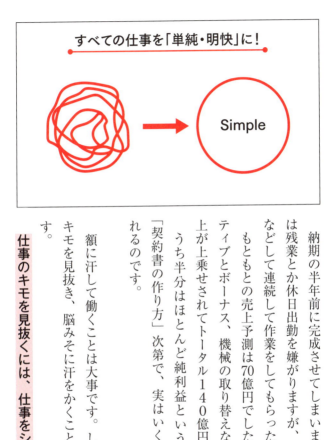

ことです。

仕事をシンプル化するためには、目標を達成するための最重要ファクターをつかみ、それ以外のものを捨てることが必要です。

アインシュタインは、こういっています。

「すべてのものごとは、できるだけ単純なほうがいい」

（了）

本書は、小社より刊行した文庫本を再編集したものです。

仕事《しごと》ができる人の「しないこと」リスト

著　者――中島孝志（なかじま・たかし）

発行者――押鐘太陽

発行所――株式会社三笠書房

〒102-0072 東京都千代田区飯田橋3-3-1
電話：(03)5226-5734（営業部）
：(03)5226-5731（編集部）
http://www.mikasashobo.co.jp

印　刷――誠宏印刷

製　本――若林製本工場

ISBN978-4-8379-2772-3 C0030